こびとの台所

子どもがつくるうちのごはん

上田のりこ

「おなかすいたー」と
口をあけて
おとなをまつよりも
れいぞうこをあけて
ごそごそしてみよう

できることは たくさんあるよ
キャベツちぎったり たまごわったり
いくつからでも はじめられる
じぶんでたべる ごはんをつくろう！

星の環会

こびとの台所

①台所にあるざいりょうを見つけよう

②味つけをきめよう

③火のとおしかたは？

もくじ

第1章

おいしくなーれの やりかた …… 07

- きる …… 08
- やく …… 12
- いためる …… 14
- ゆでる …… 16
- むす …… 17
- にる …… 18
- ちょうみりょうの味をしろう …… 20
- しおってすごい …… 22
- しょくじのじゅんび …… 24

大人の方へ①
子どもと料理することの意味 …… 25

第2章

食べものの おいしいひみつ …… 27

- たまごだいへんしん …… 28
  - うすやきたまご　ゆでたまご　スクランブルエッグ
- お米からごはん！ …… 32
  - 小さい子どもでもかんたん　おにぎりのつくりかた
- うまみのもとは だし …… 36
- 食べたい肉をさがせ！ …… 38
- やさいはマジック …… 40
- とことん！ さかな …… 42
- りょうりのどうぐ …… 44

料理を通じた、子どもとのやりとり 「こびとの台所」実践編 …… 45
　　あさりじるをつくってみよう　ちらしずしにちょうせん

第3章

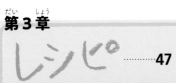 ——47

たたいてポキポキきゅうり	48
じゃがいももちもち	49
ちぎりキャベツ	50
くるくるサンド	51
まぜまぜなっとう	52
とうもろこしごはん	53
子どもサラダ	54
はさみでミネストローネ	55
まんまるオムレツ	56
カラフル白玉	57

大人の方へ②
子どもと料理するときの、気のもちよう ——58

肉入りやさいいため	60
チキンナゲット	62
パラパラチャーハン＆とりたまごスープ	64
あさりスパゲティ	66
おやこどん	68
おはようホットケーキ	70
ひやじる	72
オムライス	74

こびとのたまごやき ——76

わていしょく	78
ジューシーハンバーグとフライドポテト	80
おでかけサンドイッチ	82
てりやきべんとう	84
ホワイトソースでパングラタン	86
手打ちうどん	88
てまりずしとちらしずし	90
いちごだいふく　ミニどらやき　ほうじ茶	92

大人の方へ③
おわりに ——94

第1章
おいしくなーれのやりかた

この本のきまり
◎レシピは2人分です。
◎大さじ1は15㎖、小さじ1は5㎖、1カップは200㎖です。

りょうりのふしぎ
きる
ほうちょうをつかう前に

りょうりをするときって、だいたいざいりょうを「きる」よね。
じゃあ、なんでそのままじゃなくて「きる」んだろう？

① 大きさをそろえる。
② 口のサイズにあわせる。
③ 火のとおりや、味のしみこみをよくする。

へぇ〜っ。ほうちょうで、きるんだよね！

その前に、いつもつかっているものだって
りっぱな「きる」どうぐだよ。
さいしょはそこからはじめてみよう！

はさみ

子どもには、
こうさくばさみがおすすめだよ。

ねぎをきったり
えのきをきったり。

はさみなら
いつもやってるよ！

両手をつかう
いいれんしゅうだね。

スプーン

こんにゃくを
小さくするには、
スプーンがいちばん！

ピーラー

 かたほうの手で、やさいをおさえて、もうかたほうの手で、まっすぐひく。やさいをまわしてから、またひく。

 うまくきれないなぁ。

 ピーラーがうらがえしだとうまくきれないんだ。

★にんじんの皮むきから、スタート！

バターナイフ・テーブルナイフ

 ほうちょうを上からつかもうとしたり、いつのまにか上下がひっくりかえってるような子には、おすすめだよ。

バナナがよくきれる〜。

まずは、きるってたのしいってことを、おぼえてね。

いよいよ、ほうちょう

まずは、ほうちょうの
きほんクイズから。
これができたら
ほうちょうをもってみよう！

Q1 ほうちょうとやさい、さいしょに手にもつのはどっち？

こたえ……**やさい**

まず、まないたのまん中にやさいをおく。ぐらぐらしないところを下にして、きるものをおちつかせる。これだいじ。

Q2 ほうちょうをおく場所は、どこ？

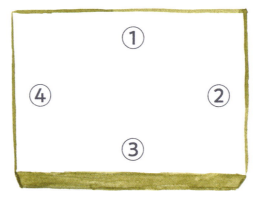

こたえ……**①**

ほうちょうがうごいても、足の上におちない場所におこう。

Q3 ほうちょうをおくときは、どっちにむける？

こたえ……**①**

これなら、まないたのやさいをうごかしても、ほうちょうのきれないところ（せなか）にあたるよ。

ほうちょうの もちかた

きほんの きりかた

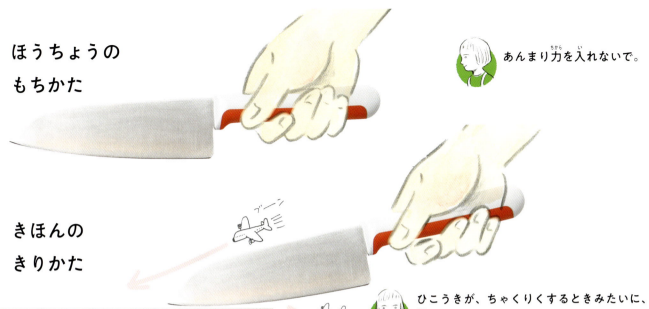

あんまり力を入れないで。

ひこうきが、ちゃくりくするときみたいに、少しあたまをさげて、前におしだすようにして、きる。
そのあと、ほうちょうをうしろにひくと、さいごまできれるよ。おして、ひく！

※なれてくると、前におすだけでも、きれるようになるよ。

食べもののさいぼうがきれいにきれると、おいしい。

つぶれたさいぼうは、口あたりがわるく、にがみがでることも。

おとなのかたへ
包丁で食べ物をおさえる手は、必ずしも「ねこの手」になっていなくてもかまいません。まずは、左手で食べ物をきちんと固定して、指が刃の下に来ないように気をつけることが大事です。
また、ちゃんと切れる包丁を用意しましょう。包丁はのこぎりではありません。

こんなもの、きってみよう
大きなもの、かたいものは、おとなの人に、きりやすいかたちにしてもらおう。

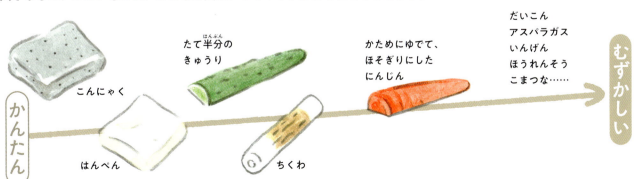

こんにゃく / はんぺん / たて半分のきゅうり / ちくわ / かためにゆでて、ほそぎりにしたにんじん / だいこん アスパラガス いんげん ほうれんそう こまつな……

かんたん → むずかしい

りょうりのふしぎ
やく

 食べものをやくわけは…。

①くっついたばいきんがなくなる。
②おいしそうな色がついて、いいにおいがする。

弱火	中火	強火
できるだけ、ほのおを小さくする。	フライパンと、ほのおのあいだが、少しあく。	フライパンに、ほのおの先があたっている。
ふっとうしたお湯の温度は **100度**	火にかけたフライパンは **150度〜200度ぐらい**	けむりがでるぐらいだと **220度**

あつすぎ!!

うすぎり肉をやくとき

 うすいものは、はやくやけるよ。でも、こげやすい！
やけたかどうかは、はなと、耳と、目でたしかめよう。

 いいにおいがしてきた〜。

 パチパチ音がするよ。

 ちょっとめくってみよう。おいしそうな、茶色のやき色がついていたら、ひっくりかえそう！

あつぎり肉をやくとき

 あついものは、中まで火がとおりにくいんだ。
だから、やく20分ぐらい前に、れいぞうこからだしておこう。

やくときは、中火でね。

 火が強すぎると、外はこげこげ、中はなまのまま。
どうやって中まで火をとおすの？

 ひっくりかえしたら、
ふたをすること。

 おぉ〜。

 そうすれば肉がおふろに
入っているみたいに、
じーんわり、火がとおるよ。
さいばしでおしてみて、
はしがおしかえされるようなら、
中まで火がとおったしるし！

♪やけたかな　どうかな
いいにおいがしてきたかな　こげくさくないかな
どんな音がするかな　色はおいしそう？
よし　ひっくりかえそう！

りょうりのふしぎ

いためる

フライパンを チェック

★油(あぶら)を全体(ぜんたい)にうすくひろげよう。
★火(ひ)がはみでてないかな。
★フライパンが火(ひ)からずれてないかな。りょうりしてると、だんだんずれてくるよ。

 まぜるときは、左手(ひだりて)でしっかりもとう。

ここまであつい
フライパンのふちがあつくなるので、気(き)をつけてね。

やくも、いためるも、やりかたはおなじ。
できたか どうだか 食べてみよ♪

おいしい いためかた

 それでは、
あたためたフライパンに
やさいを入れるよ。
ジュー、パチパチ

 まぜたい！ まぜたい！！

 さいしょから、かきまぜたいけど、
少しがまんしよう。

　　　いためる
　　　　‖
　やけてから、まぜること

これだいじ。

 やさいが
とうめいになってきたー。

 ちょっと、しんなりしてきたね。
さあ、まぜていいよ。

フライパンの底から、
やさいをはがして、
ひっくりかえすような感じで。

しお少しょうで、できあがり！

りょうりのふしぎ
ゆでる

食べものを、お湯に入れて
にるのが、ゆでる。
はっぱは、お湯がふっとうしてから。
じゃがいもは、水からでも、
ふっとうしてからでもいいよ。

ゆでるのにおすすめなのは、
ほうれんそう、こまつな、にんじん、レタス……。
「ゆでる」のいいところは、一気に温度をあげられること。
よくないところは、水っぽくなること。

ゆでるとむす、
どちらもほっとく、らくちんりょうり。

りょうりのふしぎ
むす

ふたのうらについたお水(みず)は、どこからきたのかな。
しょうたいは、「ゆげ」。
目(め)には見(み)えないけど、とてもあついよ。
やけどしちゃう。
そのあついゆげを、
ふたでとじこめるんだ。

むすのにおすすめなのは、
じゃがいも、キャベツ、にんじん……
「むす」のいいところは、ゆっくり火(ひ)が入(はい)ること。
よくないところは、味(あじ)つけができないこと。

水(みず)がなくなったら、なべの温度(おんど)が、ぐんとあがるよ。
水(みず)がなくならないよう、気(き)をつけてね。

りょうりのふしぎ

にる

カレー

かくに

にざかな

ジャム

とんじる

おでん

肉じゃが

にびたし

これ、ぜ〜〜んぶ
「にる」りょうり！

にるって、どんなこと？

おなべに、ざいりょうと、
味のついたスープ（にじる）を入れて、
火にかけて熱をとおすのが「にる」。
お水に入れてゆでるのとは、
ちょっとちがうの。
にじると、ざいりょうのあいだで、
おいしさがぐるぐる、いったりきたりして、
どちらもしみじみとうまくなるんだよ。

おとしぶたをすると、
少ないにじるでも、
食べもの全体に味が
しみわたるよ。

そうぞう ＋ あじみ ＝ おいしい

にるりょうりの、さいしょのポイントは、
できあがりをそうぞうしてみること。
スープの量は多め？
具はたっぷりがいいかな？　それとも、ちょっぴり？
できあがりまで、そのイメージをおぼえておいてね。

なんだか味がうすいかも。

にものって、レシピのとおりにつくったのに、
食べたい味と、ちがうことがあるんだよね。
でも、それもあたりまえ。
おなべの大きさも、火の強さも、それぞれの
おうちでちがうでしょ。

レシピはお手本。だけど、つくって食べるのはじぶん。
味がこければ水分をたしていいし、
うすければ、味をたすか、につめる。
なべの中を、ちょいちょい、あじみしながら、
できあがるのをまつ。
これ、２つめのポイントね。

あじみなら、とくいわざだよ。まかせて！

アクをとるってなに？
スープやカレーなど「にる」りょうりを
していると、茶色や白っぽいあわみた
いなものがういてくる。これが「アク」。
肉などを入れるといっぱいでてくるね。
おいしくないものみたいに言われるけど、
そんなにまずくもない。でもスープを
すっきりさせたり、ほかの具にくっつい
て見た目がわるくならないように、とり
のぞく。ぐつぐつふっとうしているとき
に、なんどか、おたまですくいとるとい
いよ。

ちょうみりょうの味をしろう

ちょうみりょうは、ごはんや、そざいの味をひきだす、おたすけマン。

ちょうみりょう、そのものを、あじみしたこと、あるかな？
これ入れたら、どんな味になるか、しっていてつかうことがだいじだよ。

※おとなのかたへ　子どもがみりんや酒を味見するときは、沸騰させて、アルコールをとばしましょう。

わしょくのきほん　さしすせそ

さ（さとう）
あまい。さとうきびや、てんさいからできる。食べものがくさるのをおくらせることもできる。

し（しお）
しょっぱい。味をつけたり、水分をだしたり、食べものがくさるのをおくらせることもできる。

す（す）
すっぱい。米、りんご、ぶどうなどからもできる。ばいきんをしょうどくするはたらきもある。

そ（みそ）
しょっぱい。だいず、麦、米などを発酵させてつくる。

せ（しょうゆ）
しょっぱい。だいず、小麦、しおを発酵させてつくる。

さしすせそだけじゃ ものたりないとき

酒
料理酒の中には、しょっぱいくらいの塩分が入ったものも多いので、その場合はつかう量をひかえよう。

みりん
米からできたあまみと、うまみのもとのアルコールが入っている。

ソース
スパイスがわりにつかうことも。

オリーブオイル／ごま油
いためるときにはもちろん、しあげにかけても。

トマトケチャップ
あまくてすっぱい。

さらにもういっぽ、味がほしいときには、
ごま、のり、うめ、ポンず、めんつゆ、マヨネーズ……など。

 いっぱい、しゅるいがあるね～。

 あじみをしたら、つぎはりょうりをするとき、
どんな味にしたいから、
なんのちょうみりょうを、どれくらい入れるか、かんがえる。
これだいじ。
しょっぱくしたいか、あまくしたいか、
こってりしたいか、さっぱりしたいか…。
しょっぱい＋あまい、すっぱい＋あまい　など、
組みあわせてつかうこともできるからね。

Q1 みりんとさとう、どっちがあまい？
こたえ……さとう
みりんの3ばいのあまさがあります。

Q2 せかいでいちばん、マヨネーズをよく食べている国は？
こたえ……ロシア
日本じゃないんだね。

しおって すごい

しおのはたらき

 しおって、しょっぱい味をつけるんだね。

 それだけじゃないよ！しおって、いろんなことにつかうんだ！

- 食べものを くさりにくくする
- 色を よくする
- くさみを とる
- パンが ふくらむのを たすける
- うどんの「こし」を だす

やきしお（さらさら）
しおをパラパラふるときや、肉や、やさいの味つけに。

あらじお（しっとり）
パスタのゆでじるや、やさいのしおもみに。

- アイスクリームを つくるときにも
- やさいなどの 水分をとりだしたり やわらかくする

 しおってすごい！

 しおは、しょっぱいだけじゃなくて、おいしい海の水のうまみも入っているんだよ。

しおは、とりすぎると×だけど、
体を元気にうごかすためには、たいせつなもの。
ちょうどいい塩分は、
1％（100gのお水にしお1g）といわれている。
にんげんの体の血も、塩分は0.9％なんだ。
ほとんどおなじ。ふしぎだね。

しお1gってどれぐらい？

こいくちしょうゆ
小さじ1

小さじ 1/6

みそ
赤みそ、信州みそ
小さじ1〜大さじ1/2
みそは種類によって中の塩分量にちがいがあります。

おとなのゆび
3本でひとつまみ

しお少しょうとかかれて
いるときは、ゆび2本ね。

おみそしる1ぱい（100㎖）なら、
しお1g分のみそを入れれば、
味がきまるよ。
お肉100gも、しお1gで味つけしてみてね。

しょくじのじゅんび

子どもがいっしょにできること

テーブルを「食べる場所」にする
（または、かたづける）。

お皿や、おはしをならべる。

みんないっしょに「いただきます」。

しょくじには、きまりがたくさん？

 じぶんでつくったら、きらいなものも食べなきゃいけないの？

 ううん、そんなことはないよ。だいじなのは、気もちよく食べること。

ごはんの中に、きらいな味をさがすより、
じぶんがおいしいとおもうものをさがそう。
そして、「いま、なにを食べているのかな」と
かんがえながら、食べてみよう。
きらいなものは、ひと口だけ食べてみよう。
どんな味かな、
やわらかいかな、かたいかな…。

おなかいっぱいで、
ざんねんだけどのこすときは、
お皿の中をきれいにしてから、ごちそうさま。

大人の方へ ①
子どもと料理することの意味

「食べる人」は「つくる人」になれる

　まだ包丁を持たせられないようなチビちゃんや、あきっぽかったり、自由にやりたがる子。ご家庭で、そういう子どもたちと料理をするのは、とても大変なことのように思われるかもしれません。「大人が全部やったほうが、早いし、あぶなくないし、よっぽど楽！」という方も多いと思います。ただ、私は、食べたいという気持ちがあれば、料理をつくることができるはず、と考えています。

　もともと、食べることが大好きだった私が、自宅で子どもを対象とした料理教室「こびとの台所」を始めたのは、今から5年前のことです。3歳くらいから小学校高学年ぐらいまで（ときに大人も）、いろんな年齢や性格の子どもたちと、日々料理をしてきました。その中で得たものをお伝えすることで、子どもと日常的に料理をする人がたくさん増えてくれたらいいなあ、と思って、この本を書いています。

　この「大人の方へ」では、私が「こびとの台所」のレッスンや、子どもとの生活で実践していること、ちょっとした工夫などをお伝えしたいと思います。

料理することは、声のかけあい

　料理をするときには、いろんな声が聞こえます。うちで、親子で料理しているときも、レッスンのときも。「ちょっとそこ押さえといて」とか、えんどう豆をむきながら、「昨日こんなこと、あったんだよー」とか。そういうちっちゃな声が、どれもとても大事です。

　コミュニケーションというと大げさかもしれませんが、子どもといっしょに料理をするというのは、まず声をかけあうことだなあと思います。子どもが最初から最後までやらなくてもいいし、りっぱな料理が完成しなくてもいい。そうやって、ちょっとずつ声をかけあいながら、役割分担したり、いっしょ

に段取りを考えたりして、お互いのことを、もっとよく知り合っていくことができる。料理っておもしろいなあと思います。

「心配」のかわりに「準備」を

子どもは、危険なものがたくさん置いてあるキッチンで、こちらの思いもよらないようなことをすることがあります。でも、心配だから／失敗するから、何もさせないのではなく、子どもが料理をするための「準備」をしておくことが大事だと思っています。でも、そのために、特別なものを買ったり用意したりする必要はなく（包丁とはさみくらい）、家の中にあるもので工夫すればいいと思います。

❁ 子どもが卵を割るとき、卵と入れ物だけ渡していませんか。それプラス、割った卵のからを入れるボウルかおわんと、手ふきを用意してみましょう。親も子も、ぐんとストレスが減ります。

❁ 包丁を使ったり、作業をしたりするときには、作業スペースの「高さ」が重要です。キッチンが子どもにとって高すぎるときには、踏み台を使うのもいいですが、こびとの台所では、自宅のダイニングテーブルや、ダイニングチェアの座面なども使っています。子どもにとって高すぎず、しっかりものが置けてグラグラしない場所を、家の中で探してみましょう。目安は、子どものひじの高さです。

❁ 包丁を使うときには、周りはできるだけ片付けて。切ることに集中してもらうためです。

❁ 料理に味をつけるとき、調味料をドバッと入れちゃわないか心配……。そんなときは、めんどうでも、使う分だけ小皿にとって、そこから調味料をとって味つけしてみましょう。味見は大事ですよー。教室では、塩が出すぎないように、塩のビンの穴を、半分、テープでふさいでいます。

左ききの子のために

「うちの子、左ききなんですけど、どんな包丁がいいですか」という質問もよくいただきます。答えは、両刃なら、特にこだわりはありません（※和包丁は片刃なので左きき用を）。むしろ、気にするべきなのは、はさみ、木べら、フライがえし。特に、へらやフライがえしは、右利き用に傾斜がついていると、左ききの子にはひっくり返しにくいので、少なくとも左右対称のものを選んであげる必要があります。

第2章
食べものの おいしい ひみつ

たまご
だいへんしん

たまごがわれれば、もうりっぱなシェフ！
たまごかけごはんもおいしいし、
ゆでても、やいても、みんな大すき。
食べたいものにかたちをかえて、パクリ。

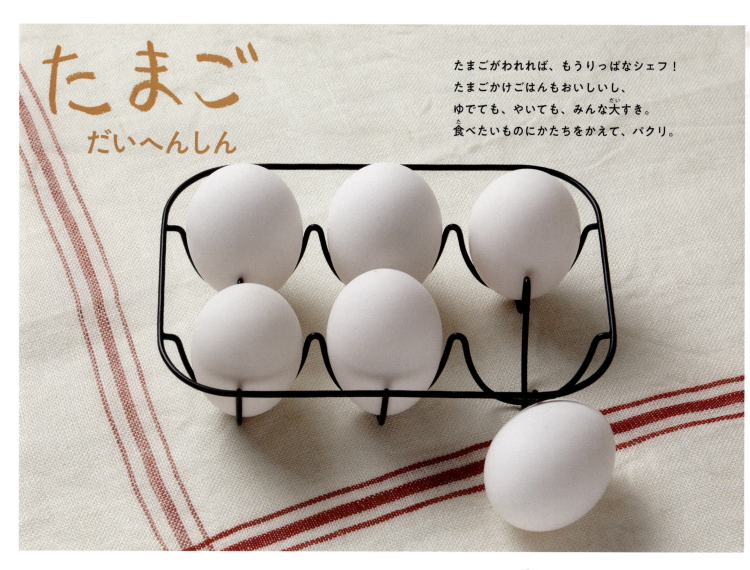

たまごのしくみ

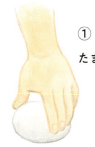

上
下

からの中にうすいまくがある。

たまごをわってみよう

 たまごは、たいらなところで、ヒビを入れよう。

① たまごは、上からもつ。

② たまごのおなか、まん中をねらって、コンコンとたたく。音がかわるのをよくきいて。
コンコン→カシャ

③ われめをそっとおすと、ペコペコへこむよ。へこんだところに、りょう手のおやゆびをおいて、手前にくるっとまわすように、わる。くしゃっとつぶさないで。

うすやき たまご

ざいりょう
たまご ——— 1こ
しお ——— 少しょう
油 ——— 小さじ2

白身と
黄身を
よくまぜよう。

フライパンは
両手で
しっかりもってね。

① ボウルにたまごをわりいれて、まぜる。
そのままだと白身がきれないので、
白身をはしでもちあげたり、ボウルの
かべをつかったりして、きる。
しお少しょうを入れて、またまぜる。

② フライパンに油をしき、
中火であたためて、
たまごをながしいれる。

③ フライパンを、前、うしろ、
右、左にかたむける。
たまごがながれなくなるまで、
フライパンをうごかす。

④ たまごのふちが
めくれてきたら、できあがり。
（ひっくりかえさなくてもいいよ）
きるのは、たまごがさめてから。

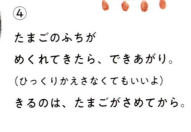

29

ゆでたまご

①
なべに、たまごと、たまごがぜんぶ
かくれるくらいの水を入れて、中火にかける。

②
ふっとうしてから
はんじゅく　6～7分
ふつう　　　10分

③
水を入れたボウルにとりだす。

④
たまごをコンコンとたたいて、全体にヒビを入れる。
もう一度、水につけてからむくと、スルリとむける。

スルリと
むけると
気もちいい。

スクランブルエッグ

ざいりょう
- たまご ── 2こ
- ぎゅうにゅう ── 大さじ1
- しお ── 少しょう
- 油 ── 小さじ½
- バター ── 5g（小さじ1ぱい）

① たまごをとく。
白身をちゃんと
きってね。
しお、ぎゅうにゅうを
入れてまぜる。

② フライパンを火にかけて、
油を入れ、全体にひろげる。
さらにバターを入れて、
とかす。

③
たまごを入れ、へらでかきまぜる。
いそがなくていいよ。
フライパンの底からたまごを
はがすイメージ。
ほぼかたまったら、お皿にうつす。

 あっと
いうまに
できあがり。

ポイント
やきはじめる前に、
たまごを入れるお皿
を用意しておく。

31

お米から
ごはん！

ピカピカのごはんがたけたら、
それだけでも、ごちそう。
かたいお米が、どうやって、
ふんわりごはんになるのか、
ふしぎだね。
お米の気もちになって
そうぞうしてみよう！

お米のはかりかた

お米カップ（180㎖）に、
お米をこんもり。

そして、なでなで。

よこから見たら
ピッタリ1ぱい。

こうすれば、
だれがはかっても
おなじだね。

お米をといでみよう

①
ボウルにお米と水を入れ、
手でかるくひとまぜして、水をすてる。
よごれをすてるイメージ。

②
水は入れずに、手でかきまぜる。
ぐるり　ぐるり
底のお米もね。シャッ、シャッと
いい音がするよ。

③
水を入れて、かるくまぜてから、
また水をすてる。（ざるがあるとあんしん）

②と③を、3〜4回くりかえす。
といだ水が
ぎゅうにゅう色から、
うすめのカルピス色に
なるくらいね。

④
しっかり水をきって、とぐのはおしまい。

ごはんがたけるしくみ

それぞれりゆうがある

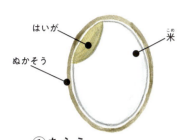

① あらう
お米のまわりの「ぬか」をあらいながす。

② 水につける
かたいお米が、水をすってやわらかくなる。

③ 火にかける
水をすったお米があつくなると、ひょうめんがとけだして、ねばりけがでてくる。

④ むらす
ごはんのまわりにのこった水も、お米がすいこんで、ふっくらもちもちの、ごはんになる。

⑤ ごはんのたきかた

【すいはんきでたく】
といだお米を、すいはんきに入れ、めもりにあわせて水を入れる。2合なら、めもりも2のところ。20〜30分ぐらい水につけてから、スイッチオン。
※おなべでたくときは、2合でカップ2はい（400㎖）。

おとなのかたへ
炊飯器によっては、吸水・蒸らしの時間も炊飯に含まれている機種があります。ご確認ください。

たけたごはんを、いつもどおりにかんで、食べてみよう。
つぎは、20回しっかりかんでみよう。
味は、ちがうかな。どうちがうかな？

小さい子どもでもかんたん
おにぎりのつくりかた

おにぎりをおいしくにぎるには

1. 先におにぎりの具やのりを用意しよう。
2. ぎゅーっとにぎらない。
   ふんわりふんわり、おいしくなーれ。

子どもおにぎり①
おわんとラップ

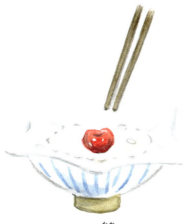

おわんにラップをしき、ごはんを半分、入れる。

ごはんのまん中に、おにぎりの具をおく。

その上から、もう半分のごはんをのせる。

ラップのはしをあわせて、ねじってとじる。おわんからとりだす。

ラップの上からにぎって、○でも△でも、すきなかたちにととのえる。

しおを少し、おにぎり全体にパラパラふりかけたら、できあがり。のりをまいたり、ごまをふったり、ごじゆうに。

子どもおにぎり②
おわんとお皿

おわんにごはんを半分入れ、まん中に具をおいて、のこりのごはんでふたをする。

お皿でふたをして、りょう手でしっかりおさえながら、ふる。上下左右にしっかりと。

しおを少し、おにぎり全体にパラパラふりかけたら、すきなかたちにととのえる。

うまみのもとは だし

だしってなんだ？
食べものからでる、
「うまみ」のこと。
こんぶや、かつおぶしは、
たっぷりのうまみがでるので、
日本のりょうりにはかかせない。
どうやったら、
だしのうまみがわかるかな？

じっけんしてみよう

① コップ１ぱい（150㎖）の水に、しお小さじ¼を入れて、とかす。

② だし汁コップ１ぱい（150㎖）にしお小さじ¼を入れる。

あじみしてみよう。
おいしいのは
どっち？

だしって、そのままのむと
なにかものたりないけど、
ちょっと、しおを入れると
しみじみおいしいね。

こびとの台所では、かんたんでおいしい「こんぶ水」をよくつかうよ。

こんぶ水のつくりかた
水500㎖に、こんぶ10センチ１まいを入れて30分くらいおく。２〜３日もつので冷蔵庫に入れて常備。和食だけでなく洋食にもつかえるよ。

だしにはしゅるいが２つある

動物性──かつおぶし、いりこ、ほしえび　など
植物性──こんぶ、ほししいたけ　など

りょうりにあわせてつかう。いろいろなだしがふくろに入った、だしパックもあるよ。

だしのとりかた

まじめにおだし

なべで、500mℓのこんぶ水をわかして、ふっとうしたらこんぶをとりだす。そこに、かつおぶしをひとつかみ（20ｇぐらい）入れて、もう一度ふっとうしたら、火をとめる。そのまま１分まって、クッキングペーパーをひいたざるで、こす。

かんたんおだし

こんぶ水に、だしパックを入れて、中火にかける。ふっとうしたら、どっちもとりだして、できあがり。

※だしパックには、しおが入っているものがあるので、そのときは味つけはうすめにね。

だしは、ベーコンやとり肉など、食べものからもでるので、ほかにだしをたさなくても、ちゃんとおいしくなる。
なべりょうりがうまいのは、いろんなざいりょうからおいしい味がでてくるからだね。
だしになる食べものが入っているときは、だしのもとやコンソメは入れなくてもおいしい。

食べたい 肉 をさがせ！

おみせでは、パックに入っている、肉。
うしや、ぶたや、とりの、
どのあたりから、きているのかな？
どんなふうにりょうりしたら、
いちばんおいしくなるのかな？

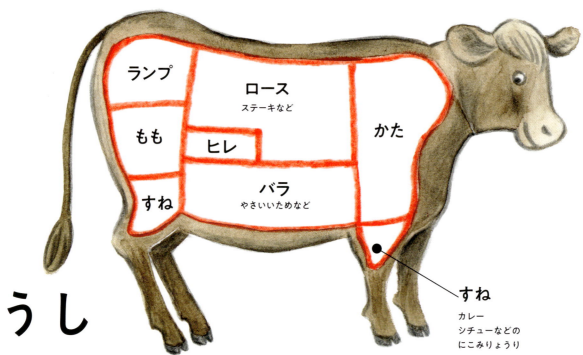

うし

- ランプ
- ロース（ステーキなど）
- もも
- ヒレ
- かた
- すね
- バラ（やさいいためなど）
- すね（カレー、シチューなどのにこみりょうり）

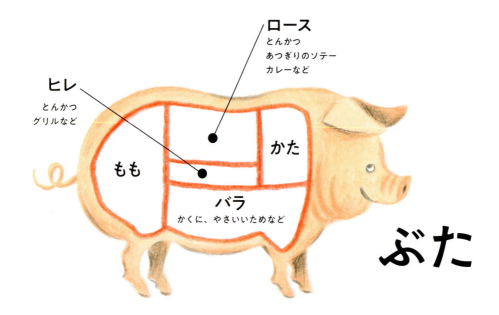

ぶた

- ロース（とんかつ／あつぎりのソテー／カレーなど）
- ヒレ（とんかつ／グリルなど）
- もも
- かた
- バラ（かくに、やさいいためなど）

じぶんのおなかを、さわってみよう。
やわらかい？　パパのおなかは、どうかな？
そこが、うしや、ぶたでいうと、バラ肉の場所。
たいせつな、ないぞうを、あばらぼねと、
バラ肉のあぶらでガードしているんだ。

もも肉は、にんげんのふとももに、あたるところ。
とりが、あるきまわるために、
しっかり、きん肉がついている。

ささみは、どこかな？　むね肉の中だね。
にんげんでいうと、せなかにあるよ。

とり

てばさき
てばもと
むね
スープ
むしどりなど
ささみ
もも
からあげ
おやこどんなど

肉は、ほうちょうでも、はさみでも、
きりにくいなぁ。

さいしょは、ひき肉を
つかってみよう。

Q　とりのもも肉を
ひろげたところ。
上はどっち？

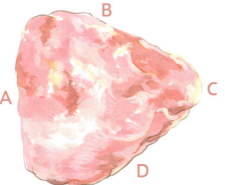

B
A
C
D

肉の量のめやす（ほかの具材もいっしょ）
1人につき100g。たまごなら2こ分、おとなのにぎりこぶしの1こ分。

こたえ………A

もも肉は、ひろげると
さんかくになる。ふと
いほうが上で、ふとも
も。すじがあって、ほ
そくなっているほうが
下で、足くび。

やさいはマジック

やさいを、なかまにわけてみよう。
色、きせつ、じめんの上にはえるもの、下にそだつもの。
「すき」と「きらい」でわけてるのは、だれかな？
むす？　やく？　かじる？　どうやって食べる？

なんだかにてる？

目にしみる？
火をとおせばあま〜くなる。

足よりふといよ。

やさいがあると、りょうりに「きせつ」がでる。
お皿に色がひろがる。

なまじゃ食べられないなぁ。

きったらお花みたい。

じぶんが、つかいやすい
「とくいやさい」を見つけよう！
それがあれば、いろいろつくれる、
じぶんと、あいしょうのいいやさい。
のりこせんせいの、とくいやさいは、
たまねぎとキャベツかなぁ。

あな〜のあいた〜♪

おほしさま！

Q ブロッコリーとおなじアブラナ科のやさいはどれかな？
①キャベツ　②だいこん　③カリフラワー　④わさび

こたえ……**ぜんぶ！**
はくさいやクレソン、
かぶもアブラナ科だよ。

とことん！さかな

さかなは、にがて？　でも、食べるとおいしい！
さかなのしくみがわかると、
食べるときもおもしろいし、気もちよく食べられる。
おいしいところを食べつくせ！

さかなは、どっちにおよぐ？
ひれも、うろこも、どっちをむいてるかな。
おしりは、どこかな。ちは、なに色かな。
口の中を見てみよう。

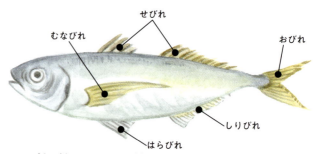
海の中では、こんな感じ。
スピードだしたり、方向てんかんしたり。

ほね
からだをささえるせぼねと、
およぐためのヒレをつない
でいる。

ないぞう
ないぞうのおわりには、おしり（こうもん）が
ある。ないぞうはにがいので、食べるときは、
とりのぞくことが多い。

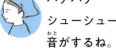
パチパチ
シューシュー
音がするね。

やくと、目が白くなる。
こげめがついて、皮がういてくる。いいにおいが
してきたら、そろそろ食べごろ。

> **おとなのかたへ**
> 魚焼きグリルを使うときは、2分ほど
> しっかりあたためてから焼きましょう。

アジやサンマなど、1ぴき、きれいに食べられたら、ちょっとかっこいい！　まずは、さかなのあたまをお皿の左がわ、おなかをじぶんのほうにむけて、セットかんりょう。

① せぼね（まん中のほね）にそって、はしでさかなの身を背がわと腹がわにわける。

② あたまに近い背がわの身を食べる。さかなのしっぽへと食べていく。

③ おなかのあたりのほねに気をつけながら腹がわの身を食べる。

Q　おかしらつきのやきざかな、あたまはどっちむきにおく？

こたえ……**左**

さかなをきるときも、食べるときも、ほねの場所をそうぞうしながら、身をはずそう。

さかなは、
あたまとほね、皮、ないぞうを
とってしまうと、
半分しかのこらない。
だから、食べられるところ、
おいしいところは
むだなく食べよう！

④ 半分きれいに食べられたら、あとはかんたん。

⑤ あたまをおさえて背ぼねをはずし、下の身を背がわ、腹がわと食べる。

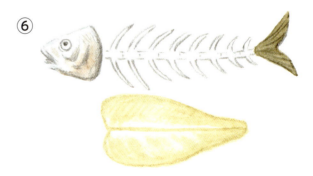

⑥

食べるときにでたほねなどは、お皿のはしにあつめておこう。さかなの身は、おくの歯でしっかりかんで食べよう。そうすれば、ほねがあってもわかるよ。

43

りょうりのどうぐ

はかるもの
①大さじ ②小さじ
③けいりょうカップ（200㎖）
④お米カップ（1合＝180㎖）

きるもの
⑤ピーラー
⑥はさみ……キッチンばさみは、子どもの手には大きいので、こうさく用はさみでOK。
⑦ほうちょう
⑧まないた……すべらないように、下にぬれタオルなどをしいてね。
⑨お手ふき
⑩ゴミ箱（くずを入れる容器）

しょくざいを入れるもの
⑪ざる ⑫ボウル
⑬きったものをまとめるバット

にる・いためるもの
⑭なべ（中）……みそしるなどをつくるときに
⑮なべ（大）……カレーや、めんをゆでるときに
⑯フライパン ⑰木べら（またはシリコンべら）
⑱さいばし ⑲トング

> **おとなのかたへ**
> 子どもが料理するときに、特別に用意する道具は、小ぶりな子ども包丁とはさみぐらいです。あとはいつものキッチン道具でだいじょうぶ。もしもう1つ足すとしたら、子どもがあつかいやすいトングがいいでしょう。

料理を通じた、子どもとのやりとり
「こびとの台所」実践編

しょうくん 4さい

ひかりちゃん 8さい

つくってくれる人

あさりじるをつくってみよう

3つのコップに、
① 水だけ
② 水100㎖＋しお1g
　（1％のしお水）
③ 水100㎖＋しお3g
　（3％のしお水）をとかすよ。

海のあじはどれかなぁ…

それぞれ、あじみしてみよう。
しょう「②はうまい。
　　　　③はしょっぱい」
のり「海のあさりさんが
　　　すきなのは、
　　　どっちかな？」
ひかり「③かなぁ」

のり「むずかしいしつもん。1リットルの水で
　　　3％のしお水をつくるとき、しおは何g？」
ひかり「30g！」
のり「おお〜、さすが小学生」
1リットルの水に、しお30gを入れて、よーくまぜる。

のり「アサリはどこに
　　　いるでしょう？」
しょう「海！」
のり「そう、海。
　　　くらーいすなの中が、
　　　おうちです。それを
　　　さいげんします」

アサリをならべて、3％のしお水をそそぎ、ふたをして、すなをはかせる。

ときどき、のぞいてみたら、どうなっているかな？
ひかり「かたつむりみたい」
のり「水をすうくだと、
　　　だすくだを
　　　のばしてるんだ」
しょう「ここ、おしりみたい」
のり「それは足だよ」
しょう「あっ、水が
　　　　ぴゅーってでた！」

水がぴゅーってでた！

なべに、あさりと、こんぶ水500㎖を入れて、火をつける。

のり「さあ、あさりは
　　　どうなるでしょうか？」

おなべの中から、あわがでてきた。みんなで音をきいてみよう。よーく見てみよう。
しょう「カタカタって音がする」
ひかり「あっ、ひらいてきた！
　　　　パッカーン！」

さいごに、
しょうゆ大さじ1で
味つけして、
あさりじるのできあがり！

45

ちらしずしにちょうせん

まずは、おうちにあるやさいの中から、春のやさいをさがしてみよう。
ひかり「キャベツと、まめと…」

まめが3しゅるい。すじをとって、中を見てみよう。
ひかり「まん中のは、皮がかたい。まめが大きい」
のり「ということは、まめだけ食べられるもの。グリーンピースだね」
のり「さやえんどうのさやは、刀の『さや』なんだよ」
ひかり「じゃあ、こう？」

シャキーン！

子どもがまめのさやをとると、あっちにコロコロ、こっちにコロコロ……。

しょうくんは、おもちゃのほうちょうとまないたで、おきかたをかくにんするよ。
のり「まないたに食べものをおいて、そのあと、ほうちょうをもちます」
のり「ひこうきがちゃくりくするみたいに、前におすと、きれます」

はじめは、ほそくきったこんにゃくを、おとなといっしょにきってみる。

つぎは、すしめしづくり。まずは、ちょうみりょうをよーく見てみよう。しおをなめてみたり、すのにおいをかいだり。

す・しお・さとうをまぜて、ごはんにふりかけ、うちわであおぎながらまぜる。
のり「すしめしのまぜかたは、『ひっくりかえして、きる、きる』だよ」
ひかり「しょう、うちわにごはんついてる〜」

これが、しお ひとつまみ
これが、少しょう

木の「にせものたまご」で、たまごのもちかたと、わりかたをれんしゅう。それから、ほんものをわってみる。
のり「たまごのあたまとおしりはどっちかな」
しょう「パッカン。うまくわれた！」

いいにおい〜！

フライパンをかたむけてあっちにいったりこっちにいったり

まずは、フライパンのうごかしかたをれんしゅう。それから、じっさいにたまごをやいてみる。

しょうくんは、うすやきたまごをくるくるまいて、はさみできる。
のり「たまごはぎゅっとまくと、はさみできりやすいよ」
しょう「もっときりたーい！」

ひかりちゃんは、くるくるまいたたまごを、ほうちょうできる。

ゆでたにんじんをかたでぬき、かにかまをほぐす。ここは、すべて子どもたちにおまかせ。

すしめしに、具をちらす。ここも、子どもたちにぜんぶおまかせ。
しょう「これものせる、これも」
ひかり「もうー！のせすぎだよー！」

ちらしずしのできあがり〜

いただきま〜す！

第3章
レシピ

ここからは、
いろんなりょうりのつくりかたが
かいてあるよ。
かんたんか、むずかしいかは、
フライパンのかずを見ればわかるね。

かんたんレシピ
- はじめてりょうりをする人むけ。
- まだ、ほうちょうや火がつかえなくても、OK。
- みじかい時間でできる。

これさえできればOKレシピ
- 少し、なれてきた人むけ。
- ほうちょうと火をつかう。
- 1つつくれたら、1回のごはんが完成する、そんなりょうり。

びっくりごちそうレシピ
- もっとごはんをつくりたい人むけ。
- 2つのりょうりを同時につくる。
- じぶんでプロセスを組みたてながらつくる。
- じっくり時間のあるときに。

たたいてポキポキきゅうり

プロセス

- たたいてポキポキ
- ↓
- 味がしみこむ
- ↓
- ひやしておいしい

かんたんレシピ

ざいりょう

- きゅうり……2本
- しお……小さじ1/2
- しおこんぶ……ひとつまみ
- ごま油……小さじ1
- すりごま……小さじ1/2

どうぐ

- めんぼう（ジャムのびんなどでも）
- ビニールぶくろ

レシピ

1. きゅうりを、まないたの上におく。

2. かた手で、しっかりきゅうりをおさえる。もうかたほうの手にめんぼうをもって、きゅうりをとんとんたたく。ひびが入ったり、やわらかくなるよ。

3. きゅうりを、ひと口大にポキポキとわって、ビニールぶくろに入れる。しおをふり、口をむすんで、10回ふる。そのままおいておくと、10分くらいで、水がでてくるので、しっかり水けをきる。

4. 3のビニールぶくろに、しおこんぶと、ごま油、すりごまを入れて、味をつける。れいぞうこでひやして、できあがり。

きゅうりでもう1つ

夏にぴったり　いたずりきゅうり

1. まないたの上にきゅうり1本をおき、しお大さじ1/2をパラパラかける。

2. きゅうりを、いたの上でゴロゴロころがす。しおの色がみどりっぽくなったらOK。かるくあらって、いただきます！
（よくひやすとおいしい）

のりちゃんせんせいより！

きゅうりはイボイボがとんがっているほど、しんせんだよ。
味つけは、うめぼし＋ごま（＋しそ）や、オリーブオイル＋レモンなどもおすすめ。

じゃがいももちもち

プロセス

じゃがいもを
ゆでる

↓

つぶす

↓

まるめて
やく

ざいりょう

ゆでる、もしくは
むしたじゃがいも……中2こ
かたくり粉……大さじ1
しお……小さじ半分
油……少しょう

どうぐ

ボウル、めんぼう、
フライパンまたはホットプレート

レシピ

1. ゆでた、もしくはむしたじゃがいもを、めんぼうでよくつぶす。

2. かたくり粉、しおを入れて、よくまぜる。

3. まるく、ひらべったいかたちにする。

4. うすく油をぬったフライパン、またはホットプレートでやく。おもてとうらに、やき色がついたら、できあがり。

のりちゃんせんせいより！

じゃがいもは、さめてしまうとつぶしにくいので、あったかいうちにつぶそう。
2で、粉チーズを入れてもおいしいよ。
そのとき、しおは少しへらしてね。

おとなのかたへ
子どもが丸い団子にしたものを、大人がつぶして形を整えて焼いてもいいです。
もちもちの食感が好きな人は、片栗粉を大さじ2に増やしてください。

ちぎりキャベツ

プロセス

- キャベツをちぎる
- しおをふってギュッ
- 味つけ

レシピ

1. キャベツのはっぱを、4〜5まい、そーっととる。

2. キャベツをひと口大にちぎる。

3. ビニールぶくろにキャベツとしおを入れ、よくふる。空気をぬいて、口をしばる。

4. カップにす、さとうを入れて、でんしレンジ600Wで1分。

5. 3のキャベツが、5分から10分たって、しんなりしてきたら、しっかり水をきって、4とあわせる。

ざいりょう

- キャベツ……… 4〜5まい（200gがめやす）
- しお……… 小さじ½
- さとう……… 大さじ1
- す……… 大さじ2

どうぐ

ビニールぶくろ

のりちゃんせんせいより！
まるごとキャベツを買って、はっぱをそーっととってみよう。ぼうしみたいだね☺
味つけは、おうちにあるポンずでもおいしい。

おとなのかたへ
先にキャベツの裏側や葉のつけ根に、包丁で切り込みを入れておいて、あとは子どもにまかせます。「なるべく大きくね」「ぼうしみたいだね」などなど、声をかけながら。
カットしてあるキャベツは、切り口から黒ずんでくるので、なるべくまるごと買って、たっぷり食べましょう！

くるくるサンド

プロセス
- ゆでたまごをつくる
- なかみをそろえる
- くるくるまく

ざいりょう

サンドイッチ用食パン（耳なし）……… 6まい
A. ゆでたまご ……………………… 1こ
　 マヨネーズ、しお ……………… おこのみで
　 らっきょう（あれば）

B. ちくわ …………………………… 1本
　 スライスチーズ ………………… 1まい
　 きゅうり（ほそくきる） ……… 半分
　 しお ……………………………… 少しょう

C. バナナ …………………………… 1本
　 あんこ（チョコソースやジャム、つぶしたあまなっとうでも）

どうぐ

フォーク、バターナイフ、ラップ

レシピ

1. なかみを、ぜんぶじゅんびしておく。これだいじ。まくとき、あたふたしないため。

A. ゆでたまごを、フォークのせなかでこまかくつぶす。マヨネーズとしお少しょうで味つけ。

B. ちくわ、スライスチーズ、きゅうりのほそぎりをおとなが用意する。きゅうりには、少ししおをまぶす。

C. バナナを、よこ半分にきってから、たてに4つにきる。

2. ラップをひろげて、まん中にパンをおく。
具を、1/3くらいのところにおいたら、ラップごともちあげて、まく。パンのはじっこがかさなるように。
りょうはしを、キャンディみたいにぐるぐるねじって、できあがり。

のりちゃんせんせいより！

パンがふわふわしてまきにくいときは、めんぼうでかるくつぶそう。まきおわりのところはとくにギュッと。

おとなのかたへ
ゆでたまごにはピクルスが定番ですが、うちの冷蔵庫に常備しているのは、らっきょう。このみじん切りが、ゆでたまごによく合うんです。

まぜまぜ なっとう

プロセス

- オクラをゆでてきる
- うめの実をとる
- なっとうをまぜて味つけ

かんたんレシピ

ざいりょう

- なっとう……2パック
- なっとうについてくるタレ……1ふくろ
- うめぼし……1つぶ
- オクラ……1ふくろ

どうぐ

はさみ、どんぶり、はし

レシピ

1. オクラをゆでて、はさみできる。大きめでも小さめでもいいよ。

2. うめぼしの、実とたねをわける。実のほうは、はさみで少しこまかくする。

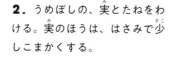

3. なっとうを、どんぶりに入れて、おはしでまぜまぜ。なっとうのタレ、うめぼしの実とたね、オクラを入れて、まぜまぜまぜまぜ。

のりちゃんせんせいより！

うめのたねもいっしょに入れるけど、のみこまないでね！このメニューは、パパも大よろこびだよ。

おとなのかたへ

オクラは、切り口のお星さまがかわいいので、子どもたちに人気の食材です。
ヘタは切り落としてもよいですが、ヘタの部分だけ、くるりと一周切り取ると、ムダなく食べられます。
産毛が気になるときは、ゆでる前に塩でもみましょう。ゆで時間は、沸騰したお湯に入れて、1〜2分で十分。ゆですぎ注意！

とうもろこし ごはん

プロセス

- お米をとぐ
- とうもろこしの実をとる
- しんを入れてスイッチオン

かんたんレシピ

ざいりょう

- とうもろこし……1本
- 米……2合
- 水……400ml
- しお……ひとつまみ（小さじ¼）

どうぐ

すいはんき、ボウル、スプーン

レシピ

1. お米をといで、水はふつうのごはんとおなじにして、すいはんきにセットする。
（→たきかたはP33）

2. おとなに、とうもろこしのしんから、実をきりおとしてもらう。

3. しんにのこった実を、スプーンでこそげとる。

4. 1に、とうもろこしの実と、しおを入れる。とうもろこしのしんを上にのせて、すいはんきをスイッチオン。あとはまつだけ。あけるのたのしみ～♪

のりちゃんせんせいより！
たけたら、バターをのせてもうまい！

おとなのかたへ
とうもろこしの実の取り方は、まず横半分に切ってから、切り口を下にして、包丁で実を切り落とします。

子どもサラダ

プロセス
- やさいを えらぶ
- 口に入る 大きさにする
- ドレッシングで あえる

かんたんレシピ

ざいりょう

★やさいは、子どもがえらんでみよう。
たとえば…
にんじん
きゅうり
コーン
レタス（プリーツレタスやサラダな、ミックスリーフ
　　　　など、できれば２、３しゅるい）
プチトマト
ブロッコリースプラウト

ハム
ドレッシング

どうぐ
ピーラー、ボウル、キッチンペーパー

レシピ

1. サラダに入れたいやさいをえらぶ。いろんなしゅるいを入れると、おいしいよ。

2. レタスをあらって、ちぎる。水けを、キッチンペーパーではさんで、とる。

3. ドレッシングをくわえ、手で、かるーくレタス全体にもみこむ。

4. にんじん、きゅうりを、ピーラーでうすくむく。
お皿にレタスをもり、上に、そのほかのやさいやハムをならべる。ドレッシングをちょっとかけて、できあがり。

のりちゃん せんせいより！

レタスは、あらったあとに水につけておくこと。パリッとしておいしくなる。
にんじんも、皮ごと食べられるよ。

おとなのかたへ
混ぜるのは、おはしでもいいですが、手のほうが、ほどほどに野菜がつぶされて、味がなじみやすいです。
ハムは子どもが手でちぎっても、バターナイフなどで切っても OK。

はさみでミネストローネ

プロセス
- ざいりょうをきる
- ↓
- よくいためる
- ↓
- にる

かんたんレシピ

ざいりょう

ベーコン	3まい
にんじん	5センチくらい
長ねぎ	10センチくらい
トマト	大きいものなら半分
きのこ（まいたけ、えのきなど）	かた手にのるくらい
セロリ（おこのみで）	5センチくらい
（れいぞうこにあるやさいでOK）	
こんぶ水	500ml（→P36）
油	小さじ1
しお	小さじ1/2
こしょう	少しょう

どうぐ
はさみ、なべ、木べら

レシピ

1. はさみで、やさいをきる（トマトはおとなにやってもらおう）。

2. ベーコンを、はば1センチにカット。

3. なべに油を入れて、ベーコンをいためる。

4. 長ねぎを入れていため、あとのやさいも、かたいものからいためる。

5. こんぶ水を、ひたひたになるまで入れ、やさいがやわらかくなったら、のこったこんぶ水とトマトを入れて、しお・こしょうで味をつける。

のりちゃんせんせいより！
きるときは、やさい→肉のじゅんばんで。ウインナーのわぎりを入れてもおいしいよ！

おとなのかたへ
にんじんは、大人が細長く切っておくと、はさみで切りやすいです。じゃがいもやカリフラワーも、スープにおすすめ。

まんまるオムレツ

プロセス
- 具をいためる
- たまごとまぜる
- フライパンでやく

ざいりょう

たまご	3こ
ウインナー	3本
ブロッコリー	¼ぐらい
にんじん	½本
たまねぎ	¼こ
赤パプリカ	¼こ
かくぎりチーズ	2〜3こ
プチトマト	すきなだけ
しお	ひとつまみ
油	小さじ1
バター	10g（または油大さじ1）

どうぐ

まないた、ほうちょう（小さい子は、はさみで）、小さめのフライパン、さいばし、木べら、ボウル

のりちゃんせんせいより！
ブロッコリーをあらうには、ボウルに水をはって、まるごとつけておこう。

レシピ

1. たまねぎを、うすぎり、または大きめのみじんぎりにする。
パプリカは大きめのみじんぎりに、ブロッコリーは小さいふさにわけておく（2センチより小さく）。ウインナーはわぎりに。

2. フライパンに油を入れ、中火にかける。たまねぎ、にんじんをいため、かるく火がとおったら、パプリカ、ブロッコリーを入れて、いためる。一度、お皿にとりだしておく。

3. たまごをボウルにといて、しおをひとつまみ入れる。

4. たまごに、いためたやさい、チーズ、プチトマトを入れる。

5. きれいにしたフライパンに、バターまたは油をしき、4をながしいれる。木べらでゆっくりまぜ、たまごがうごかなくなってきたら、まぜるのをやめて、弱火でやきあげる。

おとなのかたへ
ブロッコリーは、一度下ゆでしたほうが、やわらかく食べられますが、焼くだけでもOK。5で、フライパンがよごれていると、こげつく原因に。めんどうでも、一度洗うか、キッチンペーパーでふきとりましょう。

カラフル白玉

プロセス
はかる → まぜてまるめる → ゆでる

ざいりょう

- 白玉粉 —— 200g
- 白い白玉用 —— きぬごしどうふ 50g
- 赤い白玉用 —— トマトジュース（にんじんジュースでもOK）45g
- むらさき白玉用 —— ブルーベリージュース（アサイージュースでもOK）45g
- みどり白玉用 —— まっちゃ 小さじ½
- 水 —— 45g

白玉をひやすための、氷水 大きめボウルに半分ぐらい
カットしたフルーツ
シロップ（水50mlにさとう大さじ1〜2をくわえ、火にかけてとかしたもの）ジュースやサイダーなどでもOK

どうぐ

はかり、小さめのボウル4つ、大きめのなべ、すくいあみ（またはおたま）、大きめのボウル、ざる

のりちゃんせんせいより！
みどりのまっちゃがないときは、ほうれんそうのみじんぎりでもいいよ。ゆでて、よく水をきって、みじんぎりにしてまぜよう。水は少なめに。

レシピ

1. 白玉粉を50gずつ、4つのボウルにわける。

2. とうふ、トマトジュース、ブルーベリージュース、水を用意する。水でまっちゃをといておく。

3. 2を、それぞれ1に入れ、よくまぜる。

4. 大きめのなべに、お湯をわかす。

5. 3をまるめて、2センチくらいのボウルをつくる。大きさをそろえよう！
★白玉粉をぼうのようにのばして、おなじ長さにカットすると、かんたんに大きさがそろうよ。

6. 5の白玉を、ふっとうしたお湯に入れる。うかんできて1分ほどたったら、すくいとり、氷水でひやす。しっかりひえたら、ざるにあけて、水をきる。

7. フルーツや、シロップなどといっしょにもりつけて、いただく。

おとなのかたへ
水分をまぜた白玉の固さは、固めのアイスクリームくらいに。スプーンですくうと持ちあがる固さが目安です。やわらかすぎると丸められないので、水分は加減しつつ加えてください。

大人の方へ……②
子どもと料理するときの気のもちよう

子どもの好き嫌い

「自分で作ったら、よく食べてくれますよね」と、おっしゃる親御さんは多いですが、そんなことはありません。作ることは好きでも、食べたくはない、そんな子もいます。

「●●が嫌いで困るんです（野菜など）」というお悩みもよく聞きます。人が生きるために、まず必要なエネルギーは、糖。ごはんや甘みの中にありますね。ちょっとほっとする味、生まれてすぐから、自分が知っている味なんです。

反対に、苦みや酸味は、毒や、くさったものの味として、本能的に避けることで自分を守っているのです。つまり、苦みや酸味は、経験してみたうえで、大丈夫だと認識する味ということです。そういったものは、「ためしに食べてみる？」ぐらいの、チャレンジアイテムとして捉えてみてください。

食べず嫌いの子は、見た目がイヤ、においがイヤ、などなど、イヤイヤの理由がたくさん。うちの教室で言っているのは、とりあえず一口は食べてみること。それから、親がおいしく食べること。

ふだん、ごはんばっかり食べる、おかずばっかり食べる、そんな子の場合は、ちょっと少なめに入れて、全部食べたらおかわり、という形にしています。

サビ・バージョンとフル・バージョン

3、4歳の子どもが参加するレッスン「こびとミニ」は、火や包丁を使わないレッスンです。他のレッスンともうひとつ違うことは、「1時間で、完成して、食べる」です。ずーっと料理を続けるのには、それ相応のパワーがいります。長すぎると、あきちゃいますし。

なので、おうちでも、子どもがやりたいところで、親も一緒に楽しめるようなことからスタートしましょう。えんどう豆の豆取りだけでも、ゆで卵のか

らむきだけでも。まるごとキャベツの葉っぱをはがしたり、ちぎったり。それだけでも、子どもにとってはりっぱな「私の作ったごはん」になるのです。この、部分的に子どもにやってもらうことを、私は「サビ・バージョン」と呼んでいます。

　こびとの台所では、料理の途中で子どもが離れたところに遊びにいっても、去るものは追わず、来るものは拒まずで。あきっぽい子に対しては、その子の「出番」を作って、それを少しずつつなげていくようなイメージです。おうちのごはんは、明日もあさっても、365日作るのですから、どこかで子どもの気分に合う作業や、タイミングがあるでしょう。

　そして、料理に慣れてきたら、「卵焼きはお願い」とか「サラダはよろしく」と、ひとつのメニューを子どもにまかせることも大事です（これがフル・バージョン）。手順や材料などをきちんと考えるって、宿題よりも勉強になるかも⁉　と、内心、本気で思っています。

いつから料理をはじめたらいいか

　やりたーい！　ママのやっていることが気になるー！　という年代は、3歳前後から、小学1、2年生ぐらいでしょうか。まだまだ手元があぶなっかしくて、こちらも手間がかかります。でも、その時期こそが大事です。自分で料理を作るようになるか、できあがりをただ待っている子になるかは、小さい時期に、失敗も含めた経験をさせておくかどうかが重要な気がしています。

　たしかに、小学校3、4年生なら、包丁があぶないことや、手順が大事なこともわかっているので、はじめての子でもスムーズです。でも、この年齢では、料理好きかどうかがだいぶ決まっているような気もします。

　まずは、日曜日や雨の日、時間の余裕のあるときに、のんびり作ってみるのがいいと思います。もし、平日、時間がなくて子どもとお料理できなくても、後ろめたく思わないでくださいね。

肉入りやさいいため

これさえできればOKレシピ

プロセス

ざいりょうをきる → 肉をやく → やさいをいためる

ざいりょう

ぶたのかたロース肉（うすぎり）	200g
たまねぎ	½こ
キャベツ	4〜5まい
にんじん	¼こ
赤パプリカ	¼こ
きのこるい（あれば）	
油	小さじ½
しお	小さじ½
しょうゆ	小さじ1

どうぐ

ほうちょう、まないた、木べら、フライパン

レシピ

1. やさいをきる。
キャベツをひと口大にちぎる。
（しんは、おとながほそぎりに）
たまねぎは、ねっこをきって皮をむく。たて半分にきり、先っぽをきりおとしてから、1センチぐらいのほそぎりに。（ここは、おとながやっても）
たねをとった赤パプリカ、にんじんも1センチぐらいにほそぎり。

2. ぶたのかたロース肉を、2センチぐらいにきる。

3. フライパンに油を入れ、肉をいためる。
★いためるコツは、P14「いためる」を見てね。
しおで味をつけて、かたくならないように、一度、お皿にとりだす。

4. フライパンに、たまねぎ、にんじんなど、かたいものから入れて、肉のときとおなじように、いためる。やさいに火がとおったら、肉をもどしいれて、まぜる。
しょうゆで味をつけて、できあがり。
★味つけはソースでもおいしいよ。

のりちゃんせんせいより！
肉やさいいためがおいしくできるようになったら、やきそばもつくれるようになるよ。
べつのフライパンでめんをいためて、まぜるだけ。
肉もやさいもたっぷりやきそば、おいしいよ。

おとなのかたへ
薄ぎり肉は、常温になると柔らかくて切りにくいので、切る直前に冷蔵庫から出しましょう。肩ロースは、豚こま肉やバラ肉に変えてもいいです。

チキンナゲット

プロセス

とりひき肉をしおでもむ → ナゲットのたねをつくる → ころもをつけやく

ざいりょう

- とりひき肉（むね）......200g
- とりむね肉か、ささみ......100g
- たまご......1こ
- パン粉......大さじ2
- しお......小さじ½
- 粉チーズ......大さじ1
- 小麦粉
- 油

どうぐ

ビニールぶくろ、ほうちょう（またははさみ）、まないた、ボウル、木べら、バット、スプーン、フライパン、さいばし

レシピ

1. とりひき肉と、しおをビニールぶくろに入れる。口をむすんで、よくもむ。ねばりがでたら、そのままれいぞうこでひやす。

2. とりむね肉は、皮があればとりのぞき、たてよこ1センチほどに、あらくきざむ。はさみでOK。

3. ボウルにたまごを入れ、よくまぜる。1と2の肉、パン粉、粉チーズを入れて、木べらでよくまぜる。

4. バットの上に、小麦粉を、5ミリ〜1センチくらいのふかさにしき、その上に3をスプーンですくっておとす。

5. フライパンに、油をふかさ1センチまで入れ、火をつける。

6. 小麦粉ごとすくうように、タネをとりだし、全体に小麦粉をつける。まるく、ひらべったいこばんがたにする。

7. おとなが、フライパンの油の中にそっと入れる。おもてとうらが、きつね色になったら、できあがり。

★ケチャップ、マヨネーズ、ソース、しょうゆ、マスタード、マーマレードジャムなどを、おこのみでまぜて、オリジナルソースをつくって食べよう！

のりちゃんせんせいより！

ひき肉は、しおを入れてもむと、ねばりがでて、しっとりする。
あたたかい手でずっとこねていると、お肉の油がとけてしまうので、ビニールぶくろに入れて、しっかりもみもみしよう。

おとなのかたへ

揚げ物をするには小さすぎる子の場合は、油を多めに引いたホットプレートでも同じようにできます。
2種類の大きさの肉で食感の違いを出すのが、このレシピのおいしさのポイントです。

パラパラチャーハン&とりたまごスープ

プロセス
- 具をきざむ
- たまごごはんをつくる
- いためてパラパラに

ざいりょう

チャーハン

あたたかいごはん	おちゃわんにかるく2はい
たまご	2こ
ベーコン	2まい（チャーシューやハムでも）
カニカマ	4本
長ねぎ	10センチ（たまねぎでもOK）
しお	少しょう
サラダ油	大さじ1
ごま油	小さじ1
しょうゆ	大さじ½

インゲンやブロッコリー、スナップえんどうなどみどりのものを、おこのみで

とりたまごスープ

ささみ	2本
こんぶ水	300ml（P36参照）
たまねぎ	¼こ（長ねぎでもOK）
たまご	2こ
しお	ひとつまみ
酒	小さじ1
しょうゆ	大さじ½
水ときかたくり粉	水 小さじ2、かたくり粉 小さじ2

どうぐ

ほうちょう、まないた、
ボウル、フライパン、木べら、なべ

レシピ

チャーハン

1. 長ねぎをきる。
おとなの人に、たてにきりこみを入れてもらおう。
そのあと、ほうちょうでよこにきれば、長ねぎのみじんぎりができるよ。

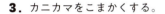

2. ベーコンをきる。

3. カニカマをこまかくする。

4. ボウルにたまごをとく。しおと、あたたかいごはんを入れる。
たまごかけごはんの、たまごがちょっと多いかな、ぐらいの感じにする。

5. フライパンにサラダ油を入れ、中火にかける。あたたまったら、4を入れる。
木べらで、底からごはんをはがすように、ゆっくりまぜる。ごはんがパラパラしてきたら、ほかの具をまぜる。

6. 全体に火がとおったら、ごま油としょうゆをかけまわして、ひとまぜしたら、できあがり。

とりたまごスープ

1. ささみはしおをひとつまみ、酒小さじ1をふりかけておく。

2. こんぶ水をなべに入れ、うすぎりにしたたまねぎ（または長ねぎ）を入れて、ふっとうさせる。

3. ふっとうしたら、ささみを入れ、またふっとうしたら、火をとめてふたをする。
3分ぐらいそのままに。これで、おいしいとりのスープができてくるよ。（火をつけっぱなしだと、パサパサになってしまうので気をつけよう）

4. たまごをとく。水ときかたくり粉をつくっておく。

5. なべからとりささみをとりだし、水ときかたくり粉を入れて、また火にかける。味をみて、しょうゆをたす。
スープがふっとうしてきたら、たまごを少しずつくわえる。たまごを入れたら、もうまぜない。
とりささみを手でたてにさいて、スープにくわえて、できあがり。

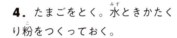

のりちゃんせんせいより！
チャーハンは、アレンジで、しらす、しおこんぶ、しあげにレタスを入れてもうまいなぁ。

おとなのかたへ
とりがらスープを使っても、簡単にできます。

あさりスパゲティ

プロセス

あさりの砂ぬき → いためてあさりがパカッ → スパゲティをゆでてあえる

ざいりょう

- あさり ———— 1パック
- しお（砂ぬき用）
- にんにくのうすぎり（あれば）ひとかけら分
- 酒 ———— 大さじ2

- スパゲティ ———— 150〜200g
- 小ねぎ ———— 3本
- お湯 ———— 2ℓ
- しお（スパゲティ用）———— 大さじ1
- バター ———— 5〜10g おこのみで
- オリーブオイル ———— 大さじ1

どうぐ

大きめのなべ、トング、ボウル、フライパン、木べら、キッチンタイマー、ほうちょう、さいばし

レシピ

1. あさりの砂ぬきをする。

2. スパゲティをゆでるために、2リットルのお湯をわかす。

3. 砂ぬきしたあさりを、しっかりあらう。フライパンに、にんにく、あさり、酒、オリーブオイルを入れ、火にかけて、ふたをする。あさりの口がみんなあいたら、火をとめて、あさりをとりだす。

4. 2のお湯がわいたら、しおを入れる。そのあとスパゲティを入れて、ふくろにかいてある時間に、タイマーをセットする。

5. 小ねぎをこまかくきる。

6. あさりをとりだしたしるに、バターと小ねぎを入れ、火をつけて、よくまぜる。

7. 火をとめて、スパゲティのゆでじるを大さじ2〜3ばい入れてかきまぜる。（ソースのかんせい）ゆでたスパゲティをくわえて1分ほど火をつけてまぜる。ソースがスパゲティによくからんだら、できあがり。

のりちゃんせんせいより！

あさりのすなぬき
あさりは海の中にいるよ。だいたいすなの中にいる。
あさりの中のすなをだすことを、すなぬきという。
しおと水で、あさりがくらしている海の底をさいげんするんだ。

海の水は塩分3％。1ℓの水に、しお大さじ2（30g）。
しんぶんしなどをかぶせて、くらくする。30分ほど、しずかにね。
すると、くだがでてくる！
すなぬきのあと、水道の水でしっかりあらおう！

おとなのかたへ
たっぷりのお湯が入ったなべを、子どもが扱うのはたいへん危険なので、大人の人がやりましょう。トングを使って、麺だけ取りだすのも◎。

おやこどん

プロセス

具をきる → 具に火をとおす → とろとろたまごをつくる → ごはんにのせる

ざいりょう

- とりもも肉……半分
- たまねぎ……1/2こ
- こんぶ水……カップ1/2〜1
- たまご……3こ
- しいたけやえりんぎ……1〜2こ
- おこのみで ねぎやみつば
- しょうゆ……大さじ1
- みりん……大さじ1
- ごはん……2人分

どうぐ

ほうちょう、まないた、
小さめのボウル、小さめのフライパン（ふたつき）、
木べら（または、はし）

レシピ

1. たまねぎの皮をむき、ほそぎりにする。きのこも、ほそぎりに。たまごを、かるくまぜておく。

2. とりもも肉の皮をはずし、ひと口大の半分ぐらいにカットする。もも肉はきりにくいので、気をつけて。

3. 小さめのフライパンに、たまねぎ、みりん、しょうゆ、ひたひたになるぐらいのこんぶ水を入れ、火をつける。（中火）

4. たまねぎにかるく火がとおったら、とり肉をひろげながら入れ、ふたをして、かんぜんに火をとおす。

5. つゆが少ないとおもったら、こんぶ水をたして、ちょうせつする。
味をみる。どんぶりにするので、ややこいめでOK。

6. たまごをわって、とく。

7. ときたまごを2回にわけて入れる。
1回め……火をつけて、ぐつぐつしたところをねらって入れ、ふたをする。
2回め……1回めのたまごに火がとおったら、のこりのたまごを入れる。
ふたをして、10かぞえたら、できあがり。（もっとしっかり火をとおしたいときは、もう少し長く）。
じぶんのこのみでね。

8. ごはんをどんぶりに入れ、7をそっとのせる。

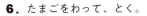

のりちゃんせんせいより！

ポイントはたまご。
まぜるときは、白身をきるように。10回ぐらいでOK。
フライパンに入れるときは、まわりのぐつぐつしているところから、たまごを入れること。

おとなのかたへ
とりもも肉は、小さな子どもには切りにくいです。大人が切るか、こま切れになっているものを用意しましょう。

おはようホットケーキ

これさえできればOKレシピ

プロセス

粉をふるう → まぜる → つけあわせをじゅんび → やく

ざいりょう

A　薄力粉 ……………… 100g
　　強力粉 ……………… 100g
　　ベーキングパウダー … 小さじ2
B　たまご ……………… 1こ
　　さとう ……………… 大さじ2
　　しお ………………… 小さじ¼
　　ぎゅうにゅう ……… カップ1
　　プレーンヨーグルト … カップ¾

バター ………………… 20g
あればメープルシロップやハチミツ

つけあわせ
スクランブルエッグ、ウインナー、レタス、プチトマト　など

どうぐ

大きめのボウル、たいねつようき（または小なべ）、フライパン（またはホットプレート）、おたま、フライがえし、ふるい（またはざる）、しんぶんし

レシピ

1． Aをあわせて、ふるいにかける。

2． とかしバターをつくる。
たいねつようきにバターを入れ、レンジであたためる。
めやすの時間…500Wで20秒。ようすをみてもう一度。

または、小なべに入れ、弱火でゆっくりとかす。

3． 大きめのボウルに、たまごを入れて、よくまぜる。
Bのあとのざいりょうも入れ、よくまぜる。

4． 1の粉をふりいれ、しっかりまぜる。さいごに、とかしバターを入れて、よくまぜる。

5． スクランブルエッグ、ウインナーなど、つけあわせのざいりょうをそろえる。

6． ホットケーキをやく。
フライパンに、うすく油をひいて火をつける。さいしょは中火。たねの入ったボウルを、フライパンにちかづけ、おたまですくって、まん中におとす。火は弱火に。
あながポツポツあいて、かわいてきたら、ホットケーキのおくまでフライがえしを入れて、ひっくりかえす。かたまっていないと、うまくいかないよ。
おもてうらに、やき色がついたら、できあがり。

のりちゃんせんせいより！
粉のふるいかた
しんぶんしをひろげて、ふるい、またはざるに粉を入れ、ふちをトントンたたいてふるう。粉が、とびださないようにね。

おとなのかたへ
粉の計量は大人がやって、ふるう作業を、子どもといっしょにやってみましょう。
子どもと作業をするときには、キッチンだけでなく、ダイニングテーブルも活用しましょう。
ホットプレートを使うときは、焼き始めは180℃で、たねを入れたら160℃にしてください。

ひやじる

プロセス

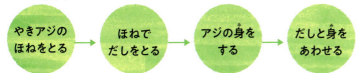

やきアジの ほねをとる → ほねで だしをとる → アジの身を する → だしと身を あわせる

ざいりょう

やいたアジ	2ひき
みそ（できれば麦みそ）	大さじ2〜3
こんぶ水	300ml
酒	大さじ2
やくみ	
ねぎ、こんにゃく、もめんどうふ　おこのみで	
ごはん　おちゃわん2はい	

どうぐ

なべ、すりばちとすりこぎ（なかったらフードプロセッサー）

レシピ

1． やいたアジから、身をとる。
ほねに気をつけてね。
★あたたかいほうがとりやすいよ。さめていたら、レンジで少しあたためてね。

2． なべに、身をとったあとのアジのほねと、こんぶ水と酒を入れ、火をつける。ふっとうしたら、5分ほど中火でにる。
（あたまは入れなくてもいいよ）

3． 1でとったアジの身を、すりばちに入れて、すりこぎでゴリゴリと、なめらかになるまで、しっかりする。
フードプロセッサーの場合は、身の中にほねがのこっていないか、もう一度かくにんしてから、まわしてすりつぶす。

4． 3のアジの身と、みそをよくまぜて、2のほねでとっただしを入れる。
味をみて、こいか、うすいか、ちょうどいいか、かくにんする。

5． ごはんに、4のひやじるをかけて、できあがり。
つめたくてもおいしいよ！

> のりちゃんせんせいより！
> ひやじるは、あつい夏でも、さらさら食べられる、ぶっかけごはんだよ。

おとなのかたへ

きちんと骨が取れているか心配な場合は、魚の身を取ったあと、ビニール袋に入れてよくもんでください。そうすれば骨がわかります。
みそは、麦みそが合います。いつものみそを使うとき、少し甘みがほしければ、みりんを少量追加しましょう。だし入りみそはおすすめしません。アジからたっぷりだしが出てくるからです。
みそをアルミホイルの上に置いて、魚焼きグリルで焼いてから入れると、さらに風味がよくなります。

オムライス

これさえできればOKレシピ

プロセス

ざいりょう

とり肉（むね。または、もも。ひと口大）	200g
ウインナー	2〜3本
たまねぎ	半分（または長ねぎ）
にんじん	½本
きのこるい（あれば）	
油	大さじ½
しお	小さじ¼
ケチャップ	大さじ2
しょうゆ	小さじ1
ごはん	おちゃわん2はい
たまご	

　　とろりたまごなら　1人にたまご2こ　しお少しょう　油小さじ½
　　うすやきたまごなら　1人にたまご1こ　しお少しょう　油小さじ2

どうぐ

ほうちょう、まないた、木べら、小さめのボウル、さいばし、フライパン（2つ）

レシピ

1．たまねぎの皮をむき、大きめのみじんぎりにする。
長ねぎなら、1センチほどのわぎりにする。

2．にんじん、きのこを、たまねぎの大きさにあわせてきる。

3．フライパンに油を入れ、中火であたためる。
とり肉を入れ、しお小さじ¼を入れていためる。

4．やさい、ウインナーを入れ、いためる。
火がとおったら、ケチャップ、しょうゆを入れ、いためて水分をとばす。

5．火をとめて、ごはんを入れる。
このじゅんばんがだいじ！
ごはんのつぶをくずして、きるようにまぜる。あじみをして、お皿にもる。

6．たまごをやく。
とろりスクランブルエッグか、うすやきたまごか。すきなやきかげんにしてみよう。ケチャップをのせて、できあがり。

にんじん、ブロッコリー、キャベツなどをむして、そえてもいいね。

のりちゃんせんせいより！

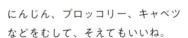
とり肉〜むね肉と、もも肉のちがい
むね肉→さっぱりした味。きりやすい。皮は、はずしたほうがきれいにきれる。
もも肉→ジューシーな味。すじやあぶらみが多い。きりにくいので、ほうちょうになれてから。

こびとの たまごやき

中はふっくら、外はきれいにまいている、たまごやき。
まきかたのポイントは、たまごやきのフライパンをかたむけること。
ものは上から下におちるよね。それをちょっとお手つだいする感じでまいてみよう。

つくってくれる人
えみりちゃん
9さい

①

たまご2こを白身を切るようにとく。
　　しょうゆ（小さじ1）
　　さとう（小さじ1）
　　水（小さじ1〜2）
　※ぎゅうにゅうでも、だしでもOK

フライパンをあたためる。
火は中火。
油大さじ1を入れる。ちょっと多めに。

はしの先でたまごをちょっと入れる。
ふわっとしたらOK。

②

たまごを半分より
やや多めに入れて、
一気にまぜる。

まくというより、
スクランブルエッグをつくって
手前にまとめる感じ。

たまごをすべらせて、おくのほうによせる。
のこりのたまごを一気に入れる。

1度めにまいた
たまごの下にも
たまごを入れる。

2度めに入れたたまごが
半じゅくになってきたら、
フライパンをかたむけてまく。
（フライがえしや、へらもつかってね）

ジュー

ジュー
ジュー
くるっ

よっ！

できあがり。

いただきます！

わていしょく

たまごやき　サケのしおやき　きゅうりのすみそづけ
きのことはくさいのにびたし　みそしる　ごはん

プロセス
ごはんを用意 → みそしるのだしをとる → やさいをきる → サケをやく → やさいのおかずをつくる → みそしるをつくる → たまごをやく

ざいりょう

たまごやき・サケのしおやき
- たまご ……… 2こ
- しょうゆ ……… 小さじ1
- さとう ……… 小さじ1
- 水 ……… 小さじ1〜2
- 油 ……… 大さじ1
- しおザケ（あまくち）……… 2きれ

きゅうりのあまずづけ
- きゅうり ……… 1本
- しお ……… ひとつまみ
- す ……… 小さじ2
- さとう ……… 小さじ1

きのことはくさいのにびたし
- だし（かつおとこんぶ）……… 80㎖
- しょうゆ ……… 小さじ2
- みりん ……… 小さじ2
- はくさい ……… 2まい（100gくらい）
- きのこるい ……… かたてにのるくらい（50gくらい）

みそしる
- だし（かつおとこんぶ）……… 400㎖
- だいこん ……… 50g
- とうふ ……… ミニパック1つ
- ねぎ ……… 3本
- みそ ……… 大さじ2（30g）

ごはん

どうぐ

なべ、まないた、ほうちょう、
フライパン、小さめのボウル、さいばし、おたま

レシピ

ごはん
32ページを見てね。

みそしる
ふっとうしただしに、だいこん、ねぎなどのやさいを入れ、やわらかくなったら、とうふとみそを入れて、できあがり。

きゅうりのあまずづけ
きゅうりをうすぎりにし、しおひとつまみをまぜる。
す、さとうで味をつける。しばらくすると、水がでてくるので、一度しぼる。

きのことはくさいのにびたし
八方だしをつくる。
みりん：しょうゆ：だし＝1：1：8
小さめにきったはくさいを入れ火にかける。しんなりしてきたら、きのこを入れて味をみる。

みりん　しょうゆ　だし

サケのしおやき
さかなやきグリルをしっかりあつくして、しおザケをやく。皮がやけてプクプクしてきたら、ひっくりかえす。

たまごやき
1. たまご2こをよくといて、しょうゆ、さとう、水を入れて、まぜる。
2. たまごやき用のフライパンを中火にかけ、油、大さじ1をしく。
3. 1のたまごを半分から2/3ほど入れ、かるくまぜる。
たまごがとろっとかたまりはじめたら、上から下にむかって、まく。
4. のこりのたまごを入れ、やけたたまごを少しもちあげて、下にもながしこむ。たまごがかたまりはじめたら、もう一度まく。

> **のりちゃんせんせいより！**
> 1つ1つのレシピは、とってもかんたん。ぜんぶつくらなくても、1つ、2つからつくってみてね。これができたら、じぶんでこんだてをかんがえてみよう。
> からだをうごかすエネルギーのもと＝ごはんやパン。
> からだをつくる、たんぱくしつ＝肉や、さかななどの主菜。
> からだのちょうしをととのえる、やさいをメインにした副菜や、汁物。こんだてって、うまくできてるなぁ。

> **のりちゃんせんせいより！**
> たまごやきを、うまくころがすコツは、フライパンをかたむけて、手前をさげること。ものは、上から下におちてくるよね。

おとなのかたへ
卵焼きは、油が少なすぎると、ふわっとしません。
油は適量使うようにしましょう。

ジューシーハンバーグとフライドポテト

びっくりごちそうレシピ

プロセス
フライドポテト
きる → あげる

ハンバーグ
肉をこねる → たまねぎをいためる → 肉とまぜる → まるめてやく

ざいりょう

ハンバーグ

- ぶたひき肉 ……… 300g
- しお ……… 3g (小さじ半分)
- たまねぎ (中) ……… 1/2こ
- パン粉 ……… 大さじ2
- ぎゅうにゅう ……… 大さじ2
- たまご ……… 1こ
- サラダ油 ……… 大さじ1/2 (たまねぎをいためる)
  - 小さじ半分 (手にぬる)
  - 大さじ1/2 (ハンバーグをやく)
- ケチャップ、しょうゆ

フライドポテト

- じゃがいも ……… 2こ
- 油 ……… あげもの用のなべに半分ほど
- しお ……… ひとつまみ

どうぐ

ほうちょう、まないた、ボウル、木べら、フライパン、フライがえし、あげなべ、ビニールぶくろ、バット

レシピ

ハンバーグ

1. ひき肉としおを、ビニールぶくろに入れて、しっかりねばりがでるまでもむ。れいぞうこへ入れておく。

2. たまねぎの皮をむいて、みじんぎりにする。
フライパンに油大さじ1/2を入れ、ゆっくり、とうめいになるまでいためる。

3. いためたたまねぎを、バットにうつしかえ、さます。

4. パン粉を、ぎゅうにゅうにひたす。

5. たまごをといて、パン粉、肉を入れ、へらでまぜる。

6. 手に、油小さじ半分をぬって、5をまぜる。肉をすくいとり、ハンバーグのかたちにする。

7. フライパンに大さじ1/2の油をひいて、ハンバーグをならべてから、火をつける（中火）。かたほうがやけたら、ひっくりかえし、ふたをしてむしやきにする。（はしをさして、とうめいな肉じるがでてきたらOK！）

8. ハンバーグをとりだしたフライパンに、ケチャップとしょうゆを入れて、ソースをつくる。（油がはねるので、気をつけてね）

フライドポテト

1. じゃがいもはよくあらって、めや、みどりのぶぶんがあれば、とりのぞく。

2. じゃがいもを、皮つきのまま、8つのくしがたにきり、水けをふく。

3. 〈あげるのは、おとながやろう〉
あげなべに油を入れ、じゃがいもを入れてから火をつける。

> **おとなのかたへ**
> 揚げ物の温度調整ができるコンロなら、最初は160℃で。じゃがいもに、はしがすっと通るようになったら180℃に上げて、揚げ色をつけて、できあがり。

4. しあげに、しおをふってね。

> **おとなのかたへ**
> ハンバーグは合いびき肉で作るレシピが多いですが、ちょっと固くなるので今回は豚ひき肉です。
> 子どもが小さいうちは、先に大人が玉ねぎのみじん切りを作っておいてもいいですね。

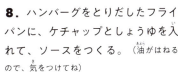

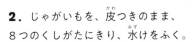
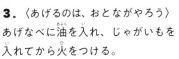

おでかけサンドイッチ

びっくり
ごちそう
レシピ

プロセス

パンに入れる具を用意 → 具をはさむ → おもしをしてきる

ざいりょう

食パン（8まいぎり、または10まいぎり） ……………… 6まい
A　ハムとやさいのサンドイッチ
　　ハム（ゆでたウインナーのうすぎり、やいたベーコンでも）… 3まい
　　スライスチーズ ……………………………………… 1まい
　　レタス（プリーツレタスや、サラダなでも） ………… 2まい
　　マヨネーズ …………………………………………… 大さじ2
B　ふんわりたまごのサンドイッチ
　　たまご ………………………………………………… 2こ
　　バター ………………………………………………… 5gぐらい
　　ぎゅうにゅう ………………………………………… 大さじ2
　　さとう ………………………………………………… 小さじ1
C　デザートサンドイッチ
　　りんご ………………………………………………… 1/8こ
　　ジャム ………………………………………………… 大さじ1〜2

レシピ

1．Bのたまごをとき、フライパンでスクランブルエッグをつくっておく。

2．Aは、パン2まいにマヨネーズをぬる。Cはべつのパン2まいにジャムをぬる。

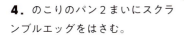

3．AとCの具をはさむ。しっかりおさえて、1つずつ、きつめにラップでつつんでおく。

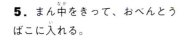

4．のこりのパン2まいにスクランブルエッグをはさむ。

5．まん中をきって、おべんとうばこに入れる。

> のりちゃんせんせいより！
> サンドイッチといえば、マヨネーズ味のものが多いけど、「いつものおかずをパンで食べる」とかんがえてみよう。じゆうに、いろんな具をかんがえて、はさんでもいいね！

どうぐ

ほうちょう、まないた、木べら、フライパン、小さめのボウル、さいばし、スプーン、ラップ、皿（おもし用）

パンにのせても、はさんでも
ごちそうディップ3しゅ

A　アボカドディップ
アボカド1この、皮とたねをとり、ボウルなどに入れ、レモン1きれを入れてつぶす。オリーブオイル小さじ1、しお少しょう、きらいじゃなければ黒こしょうを入れて、まぜる。

B　水きりヨーグルトディップ
水きりヨーグルトをつくる。
コーヒーフィルターかキッチンペーパーを小さいざるにのせて、ヨーグルトを入れる（2〜3時間たつと、クリームチーズのようになる）。
うつわに、水きりヨーグルトを入れ、ナッツやドライフルーツをちらして、ハチミツをかける。

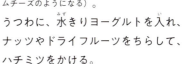

C　たらこポテトディップ
ゆでたじゃがいも1こをつぶし、皮をとったたらこ1はら、マヨネーズ大さじ1をまぜる。

> のりちゃんせんせいより！
> アボカドのたねのとりかた
> ふくらんだところにほうちょうを入れて、ぐるりーしゅう。（たてでもよこでも）
> そのまま、右手と左手を、はんたいの方向にまわすと、どちらかにたねがのこるので、スプーンでとりだす。
> アボカドは、空気にふれると色がわるくなるので、食べるちょくぜんにきろう。レモンを入れれば、あるていどふせげるよ。
>
> ごちそう感もあるので、にちようびのばんごはんなどにもオススメ！

てりやきべんとう

びっくり ごちそう レシピ

プロセス

- ごはんを用意
- とり肉をしおでもむ
- やさいのおかずをしあげる
- てりやきバーグをつくってやく

ざいりょう

てりやきバーグ

とりひき肉	300g
しお	3g（小さじ半分）
たまご	1こ
しょうがじる	小さじ1
酒	大さじ1
かたくり粉	大さじ1
レンコン	50g
サラダ油	大さじ1
しょうゆ	大さじ1
みりん	大さじ1

きんぴらごぼう

ごぼう	30センチくらい
油	小さじ1
しょうゆ	大さじ1
さとう	小さじ1
みりん	大さじ1

ほうれんそうのごまあえ

ほうれんそう	1/2ふくろ
すりごま	大さじ3
さとう	小さじ2
しょうゆ	小さじ2

したあじ用

しょうゆ	小さじ1
水	大さじ1

プチトマト
ゆでやさい（にんじん、ブロッコリー、スナップえんどうなどがおすすめ）

どうぐ

ほうちょう、まないた、ボウル、へら、フライパン、ざる、なべ、フライがえし、さいばし、ビニールぶくろ

レシピ

てりやきバーグ

1. とり肉としおをビニールぶくろに入れて、ねばりがでるまでしっかりもむ。

2. やくまで、れいぞうこに入れてひやす。

3. ボウルにたまごをといて、肉を入れる。そのほかのちょうみりょうと、5ミリくらいのみじんぎりにきったレンコンを入れて、まぜる。

4. まとめてまるくして、フライパンでやく。かたほうを、やき色がつくまでやいたら、ひっくりかえして、ふたをして、むしやきにする。

5. しあげに、みりん、しょうゆを入れて、できあがり。

きんぴらごぼう

1. ごぼうのきりかた（どれでもOK）
    ① 皮をむくように、ぜんぶピーラーでむく
    ② ほうちょうでほそぎり
    ③ ささがきにチャレンジ

2. ごぼうを油でいため、すきとおってやわらかくなってきたら、さとうを入れる。しょうゆとみりんを入れて味をみる。

ほうれんそうのごまあえ

1. ほうれんそうを水につけて、しゃきっとさせる。

2. ねもとをしっかりあらう。（ふといものはきりこみを入れる）

3. なべにお湯をわかす。ねっこのぶぶんから入れ、一度ふっとうしたら、はっぱまでぜんぶしずめる。ゆであがったら、さっと水にくぐらせ、ざるにとる。

4. ねもとをそろえてしっかり水けをきり、したあじ用のしょうゆと水であえて、もう一度水けをきる。

5. すりごま、さとう、しょうゆをまぜて、ほうれんそうをあえる。

もりつけ

ごはん、やさい、ハンバーグのじゅんでつめる。プチトマトや、ゆでやさいで、すきまをうめる。やさいの底には、マヨネーズを。

> **のりちゃんせんせいより！**
> 色をカラフルにすると、いろいろなえいようがたっぷり入ったおべんとうになるよ。味つけも、しょうゆだけでなく、すっぱい味やしお味のものなどを組みあわせてみよう。

おとなのかたへ
お弁当にごはんを入れるときは、ある程度冷ましてから。
トマトのへたやレタスについた水分はしっかりとりましょう。

ホワイトソースでパングラタン

プロセス

ウインナーやyさいをいためる → ホワイトソースをつくる → チーズをかけてオーブンでやく

ざいりょう

フランスパン	2〜3きれ
または食パン	1まい（※食べたい量で）
ピザ用チーズ	50g
ホワイトソース（つくりやすい分量）	
ぎゅうにゅう	500ml
バター	70g
小麦粉	1/3カップ
しお	小さじ1/2
ウインナー（ハムやベーコンでもOK）	4本
たまねぎ	1/4こ
パプリカ（夏ならズッキーニ）	半分
なす	小さめ1本
きのこ　など	

どうぐ

ほうちょう、まないた、ボウル、
木べら（またはシリコンべら）、
フライパン（または、なべ）、
あわだてき、グラタン皿、
オーブンもしくはトースター

レシピ

1．やさいとウインナーをきる。
ウインナーは1センチくらいのわぎり、そのほかのやさいも、おなじくらいの大きさにする。

2．たまねぎと、そのほかのかたいものからいためて、ウインナーを入れる。
しお少しょうで、かるく味つけ。

3．ホワイトソースをつくる。
ふかめのフライパンか、なべにバターを入れて、火をつける。（弱火）
へらでまぜながら、かんぜんにとかす。
一度、火をとめて、小麦粉をゆっくりとふりいれる。
また火をつけて、なべの底からまぜて、小麦粉に火をとおす。
（4〜5分すると、もったりしていたソースが、サラサラになる。こげないようにちゅうい）

4．ぎゅうにゅうを入れて、あわだてきでまぜながら、弱火で4〜5分。
とろみがついてきたら、しおを入れて、ホワイトソースのかんせい。

5．フランスパンをスライス（食パンなら1/4に）して、グラタン皿にならべる。
その上に2の具を入れ、ホワイトソースをかける。
チーズをたっぷりふりかける。

6．200度のオーブンで、10〜15分やく。ひょうめんにやき色がついたら、できあがり。

 のりちゃんせんせいより！

ホワイトソースがつくれるようになったら、グラタンだけでなく、ホワイトシチューもつくれるよ。肉とやさいをにて、ホワイトソースをくわえるだけ。
グラタンの具は、マカロニにかえたり、ごはんにかえてドリアにしてもいいね。

おとなのかたへ
オーブンで焼く時間を短くしたいときは、グラタン皿を電子レンジ600Wで2〜3分あたためておくといいですよ。

手打ちうどん

びっくりごちそうレシピ

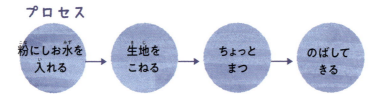

プロセス

粉にしお水を入れる → 生地をこねる → ちょっとまつ → のばしてきる

ざいりょう

小麦粉 —— 500g（あれば中力粉、なければ
薄力粉と強力粉を半分ずつ）
しお —— 20g
水 —— 220㎖

どうぐ

ジッパーつきポリぶくろ（大）、ほうちょう、
まないた、ボウル、めんぼう、大きめのなべ

レシピ

1．しおを水にとかす。

2．小麦粉をボウルに入れ、1のしお
水を少しずつ入れる。
ボウルの底から、粉をもちあげるよう
にまぜる。水を全体にいきわたらせる
ように。
ジッパーつきポリぶくろに入れて、
10分きゅうけい。

3．ボウルにとりだして、まぜて、5
分ほどこねる。だんだん生地が1つに
まとまってくる。

4．30分〜1時間ほど、やすませた
ら、うどんがしっとりしてくる。ジッ
パーつきポリぶくろに入れて、空気を
できるだけぬいて、足でふみふみ。
2〜3分ふんで、ひろがったら、ふく
ろをあけてたたみ、またとじてふむ。
これを3〜4回くりかえす。

5．めんぼうで、あつさ5ミリ以下に
ひろげて、3〜4回おりたたみ、
5ミリから1センチのはばに、きる。

6．大きななべにお湯をわかし、10
分ほどゆでる。かたければ、ゆで時間
をのばす。めんのふとさによって、ゆ
で時間がかわるので、あじみをしなが
ら、時間をみる。

7．〈おとながやろう〉
ゆであがったら、つめたい水にとって
ひやし、よくあらって、もりつける。
つめたいざるうどんでも、あたたかい
つゆでも、かまあげでもおいしい。ポ
ンずや、しょうゆ＋スダチ、だいこん
おろしや、すりごまもそえて。

のりちゃんせんせいより！

小麦粉の中には、グルテンというたんぱくしつが入っている。そ
の量のちがいによって、しゅるいがかわり、また、うどんのねば
り（"こし"の強さ）もかわる。
・しっとり、しっかり強力粉　パンなどにつかわれる
・ふんわり、さっくり薄力粉　ケーキやクッキーにつかわれる
日本では、むかしから、その中間の中力粉がつくられ、うどんの
ざいりょうになってきたよ。

てまりずしと
ちらしずし

プロセス

すしの具を つくる → すしめしを つくる → かざる

ざいりょう

すしめしのざいりょう
ごはん、す、さとう、しお

どうぐ

ほうちょう、まないた、すしおけ、しゃもじ、ぬきがた、ラップ、皿

レシピ

すしめし

	す	さとう	しお
(5合分)	100g	50g	20g
(3合分)	60g	30g	12g

よくまぜて、すしずをつくる。
あたたかいごはんにかけて、うちわであおぎながら、しゃもじできるようにまぜる。
すっぱめ、あまめは、おこのみで。

ちらしの具のおすすめ

ごま（べにしょうが）
あなごや貝のつくだに
あまくにた、かんぴょう
ほししいたけ
やきザケをほぐしたもの
うすやきたまご
かまぼこ
スモークサーモン
むしえび
きせつのまめ
きゅうり
おさしみなどをのせてもOK

てまりずし

具をラップにおいて、きれいにならべる。
そこに、かるくにぎったごはん（ピンポン玉ぐらい）をおいて、ラップごとまるくにぎる。

てまりずしの具のおすすめ

スモークサーモン、うすやきたまご、ちくわ、えだまめ、ハム、むしえび（半分にうすぎり）

> **のりちゃんせんせいより！**
>
> すがにがてな人は、一度なべに入れて、ふっとうさせるといいよ。
>
> **おまけ　五目ちらしの具**
> ほししいたけ、かんぴょう、ほしえび、あぶらあげ、にんじん、ごぼう…なるべく小さくきる
> さとう大さじ2＋しょうゆ大さじ2＋しいたけのもどしじる100mlで、にる。
>
> **かたぬきにんじん**
> うすーくわぎりにしたにんじんを、さっとゆでてから、かたぬき。
> おすだけでは、うまくぬけないので、手のひらでキュッキュッとおさえてね。

おとなのかたへ
大人がすし飯をシャリの形で用意し、お子さんがお刺身をのせて、にぎってもらうのはいかがですか？　かわいいおすし屋さんが登場しますよ。

いちごだいふく
ミニどらやき
ほうじ茶

ざいりょう

いちごだいふく（10こ分）

白玉粉	100g
水	160〜180g
さとう	20g
あんこ	100〜150g
いちご	10こ
もちとり粉（かたくり粉、またはコーンスターチ）	30gほど

ミニどらやき（10こ分）

たまご	2こ
しろざとう	60g
みりん	大さじ1
はちみつ	大さじ2
じゅうそう	小さじ½（なければベーキングパウダー小さじ1）
水	大さじ1
米粉	90g（または薄力粉90g）
油	大さじ½

ほうじ茶（1人分）

茶葉	3g（大さじ1 山盛）
熱湯	130cc

お茶の葉をいったもので香ばしく飲みやすいお茶です。カフェインが少ないので、小さなお子さんにもオススメです。

どうぐ

たいねつボウル、しゃもじ（またはすりこぎ）、バット、カード、ボウル、あわだてき（またはさいばし）、ゴムべら、ホットプレート、フライがえし、きゅうす

レシピ

いちごだいふく

1. たいねつボウルに、白玉粉、水を入れて、よくまぜる。

2. ラップなしで、600Wのレンジで1分。とりだして、ぬらしたしゃもじか、すりこぎでよくまぜる。これをあと2回くりかえす。

3. しっかりまぜると、おもちみたいにやわらかくなってくる。さとうを入れてまぜると、さらにやわらかくなる。さいごに、まだかたそうだったら20mlの水をついかして、レンジでもう1回あたためる。

4. 常温になるまで、さます。

5. いちごのヘタをとる。あんこを10こにわけてまるめる。

6. 4を、かたくり粉を多めに入れたバットにおとし、カードなどで10とうぶんにきる。

7. 6を、つつむ。
ぎょうざの皮ぐらいにひろげて、いちごをまん中に、先をつきさすようにおく。いちごに、あんこをのせて、くるむ。（のせるだけでもいいよ）

ミニどらやき

1. ボウルにたまごをとき、しろざとうを2、3回にわけて入れ、みりんとはちみつをくわえてまぜる。

2. ゆせん（80度まで）にかけながら、白っぽくなるまでまぜる。

3. 小さじ½のじゅうそうを、水でといてくわえ、米粉を入れて、ゴムべらでしっかりまぜる。

4. れいぞうこで30分やすませる。

5. ホットプレートを180度にあたため、うすく油をひく。
4を、ちょっけい4〜5センチの大きさにながす。温度を160度にする。

6. ひょうめんがかわいて、プツプツとあながあいてきたら、フライがえしでひっくりかえす。

7. うらもおなじようにやけたら、とりだして、さます。さめたら、あんこをはさむ。

ほうじ茶

茶葉を人数分きゅうすにいれる。
ふっとうしたお湯を、きゅうすに一気に入れる。
30秒たったらお茶をつぐ。ぜんぶだしきろう。

> **おとなのかたへ**
> 大福は固くなりやすいので早めに食べましょう。

大人の方へ……③
おわりに

娘の話

　娘が小さいころ、雨で公園に行けないときは、一緒にホットケーキを作ったり、キャベツの葉を一枚ずつ取って並べてみたり、そうやってよく遊んでいました。幼稚園に入ると、夕方テレビを観るより、「一緒にごはん作ろう！」と声をかけました。自分の料理の手をとめて、一緒にたまごをわったり、玉ねぎの皮をむいたり。また、子どもに頼ったり任せたりしてみると、よくがんばってくれるのです！

作れるようになったもやし炒めや、オリジナルのソースが、よく食卓に並びました。
　今、娘は小4。私が忙しいときは、「これ混ぜといてー」「並べといてー」と、すっかり私の片腕です。（でも、最近は他にやりたいこともあるので、ちょっとしぶしぶな感じ。まあ、それでいいと思っています。）

「いただきます」と「ごちそうさま」

　子どもががんばって料理を作ったら、すぐに食べたいところ。でも、その前に、みんなでおはしを並べたり、ごはんをついだり、食事の準備も子どもたちにやってもらうのがいいと思います。あと、こびとの台所で必ず決めているのは、レッスンで食べるときも、家族で食べるとき、友達と食べるとき、どんなときでも、みんなで「いただきます」を言うこと。そして食べ終わったら「ごちそうさま」。食べきれないものは、食器の片隅に集めておく、自分の食器やおはしは、キッチンまで片付ける。これらも含めての「おいしく食べる」だと考えています。子どもには、おいしく食べるって、気持ちがいいことなんだと、知っていてほしいからです。

生きることは食べること

　毎日毎日、人はごはんを食べます。毎日はめんどうだけど、おなかはすく。自分で材料を選んで、料理して、みんなで食べる。人まかせにしない。そういう意味で、料理は生きることに似ているな、と思います。いくら周りが頑張って、一生懸命用意をしてあげても、ずーっとそれが続くわけではない。子どもが、自分の食べたいものを作って、食べることを応援したい。「こびとの台所」を、5年間も続けてこられたのは、根っこにそういう気持ちがあるからだと思います。

子どもとの料理の楽しみ

　最後に、私が、子どもたちと料理をする上で、とくに大事にしていることをまとめてみました。
❀ 子どもに合わせて、料理のやり方や、道具の使い方を工夫する。
❀ かわいい、華やかなごはんよりも、「食べたいごはん」を作る。
❀ 子どもの「なぜ」を大事にする。フライパンのふたについた水滴をみんなで観察したり、お塩を振るとどうなるか見たり、お魚の口の中をのぞいてみて、歯の形から、何を食べていたか想像したり。

❀ 作りながら、かならず味見をする。味の変化を知ってほしいから。
❀ 一緒に作って、一緒に食べる。楽しくて、おいしいから。

　けっきょく、私は子どもの「できたー」という顔を見るのが好きなんだと思います。生きてる感じがして。これからも、いろんな子どもたちと一緒に、ふだん着の「うちのごはん」を作って、話して、おいしく食べていきたいと思っています。

こびとの台所
上田のりこ

上田のりこ （うえだのりこ）

愛媛県出身。みかん農家に生まれ、小さいころから海の幸・山の幸に囲まれて育つ、食べることが大好き。IT 企業勤務後、博物館・美術館で子ども向けの 教育プログラム普及に携わる。2014 年より、東京都世田谷区の自宅で、子ども向け料理教室「こびとの台所」主催。幼児（3才から）、小学生のほか、ママや外国人向けのクラスも 開講し、年間 400 人以上が訪れる人気教室に。2018 年から「ロジカル調理」の前田量子先生に師事。小学校放課後クラブ、イベント、カフェなどでのワークショップ、出張個人レッスンなども行う。

ウェブサイト
https://kobitonodaidoko.wordpress.com

編集	武藤奈緒子・星の環会編集室
校正	志村由紀枝
撮影	宮田絵里子（creative studio WORKS）
スタイリング	あだちいくみ
イラスト、デザイン	やさきさとみ・河村誠

こびとの台所
子どもがつくるうちのごはん

2019 年 9 月 20 日　初版第 1 刷発行
2020 年 6 月 1 日　　　第 2 刷発行

著者　上田のりこ
発行者　中嶋則雄
発行　株式会社 星の環会
　〒 114-0001
　東京都北区東十条 3-10-36
　TEL 03-5843-9870　FAX 03-5843-9871
　E-mail hoshinowakai@gakuto.co.jp
　http://hosinowa.mdn.ne.jp/
印刷・製本　株式会社 光陽メディア

ISBN978-4-89294-590-8 C0037　　　NDC 376
©2019 Ueda Noriko
Published by Hoshinowakai　Printed in Japan
乱丁本・落丁本は送料当社負担にてお取り替え致します。

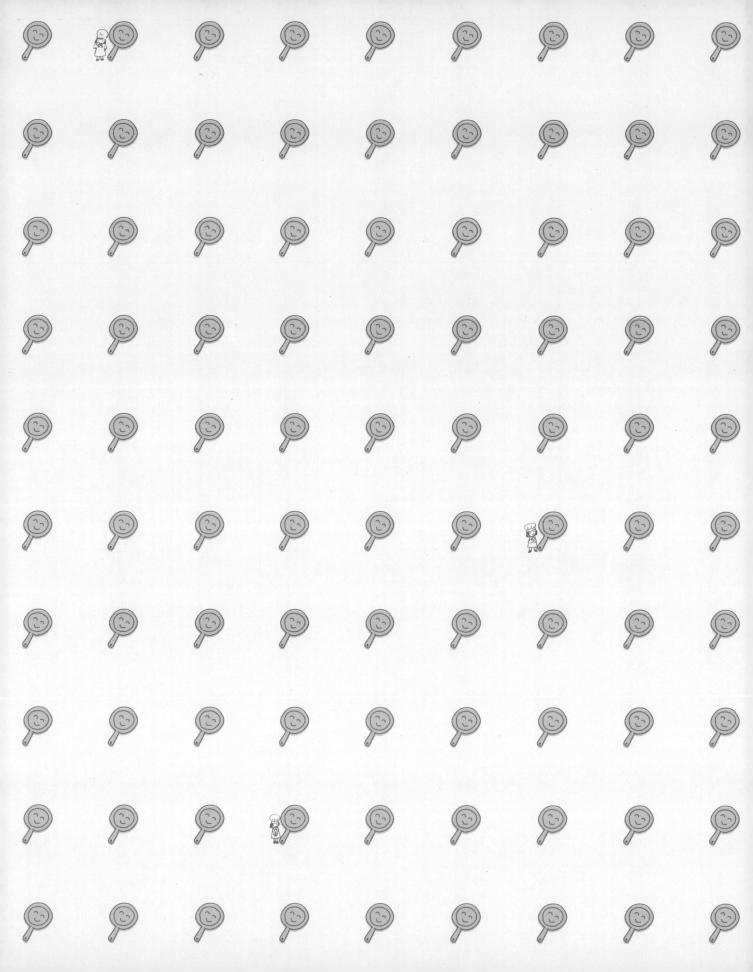